I0407215

30 대에 미국에 오는 건 오는 건 자살행위다.

최 회계사

Copyright © 2010 Seok Choi

All rights reserved.

ISBN: 1466479108
ISBN-13: 978-1466479104

DEDICATION

이 책을 우리 가족, 사랑하는 아내와 딸, 그리고 부모님께 바칩니다.

CONTENTS

ACKNOWLEDGMENTS

I truly thank for my wife, mina and my parents for
supporting me to write this my first book.

1 시작에 앞서 – 나를 만들어 준 일화들

5학년 때 아버지께서 만점 받으면 컴퓨터를 사준다고 하셨는데 결국 안 사주셨다.

5 학년 때 일이다. 처음 컴퓨터가 나와 아버지에게 사 달라고 했다. 아버지는 일등하면 사준다고 하셨다. 정말로 올백을 받았다. 올백 받은 친구가 8 명 있었다. 아버지는 별 생각이 없으셨던지 사주지 않으셨다. 그 다음부터 다시는 사달라고 한 적이 없다. 이것이 나다. 한 번 거절당하면 같은 방법으로 다시 Ask 하지 않는다.

아니면 동시에 많은 것을 진행하므로 Ask 당시 원하던 것이 올백을 받은 시점에서는 Priority 가 낮아졌을 수도 있다.

과일가게에서 수박을 살 때, 그 수박이 맛있을 지 없을 지는 Taking Chance 하는 것이다. 수박을 산 후 쪼개어 먹고나서 맛이 없다고 Return 은 안된다. 컴퓨터도 마찬가지다. 그 때 컴퓨터를 사 주셨으면 내 인생이 어떻게 달라졌을 지 모르지만, 안 사주신 것이 나의 Luck 이고 나는 그 때 아버지가 의식적으로 했던 무의식적으로 했던 그 선택을 존중한다.

고등학교 1 학년 때 문과와 이과 중에서 선택할 때 아버지께서 문과를 선택하라고 하셨다. 그 이유는 문과 출신의 사장이 의사결정을 내려 이과 출신의 엔지니어에게 일을 지시하기 때문이라고 말씀하셨다. 그래서 나는 수리력과 논리력이 유달리 뛰어났음에도 불구하고, 문과를 선택했다.

나는 미국에 오기 전 특별한 욕심이 없었다. 내 차례를 기다리며, 누군가 먼저 가기를 원하면 내게는 또 기회가 있다고 믿고 양보해 왔다. 나는 항상 2 등이었고 1 등이 되어야 할 이유도 없었고 욕심도 없었다.

그러던 나는 얼마전 누구보다도 큰 욕심을 가지고 있다는 것을 깨달았다. 대학시절 고시공부를 하던 친구가 나의 잠재력이 아깝게 보였던지 같이 고시공부를 해보는 것이 어떻겠냐고 제의했던 적이 있었다. 예전에 아버지께서 의사와 변호사는 Wife 는 좋지만 본인에게는 좋지않은 Job 이라고 말씀하셨다. 변호사는 범죄자들을 상대하고 의사는 환자를 다루지 않은가? 우울한 직업이다. 나는 학교다닐때 1 등을 못한 것에 대하여 한번도 아쉬워 해 본 적이 없지만, 대학시절 가요제에 나가지 않은 것이나, 개그맨 콘테스트에 나가지 않은 것에 대한 아쉬움은 남아있다. 우수한 성적은 다른 사람이 나를 평가하는 기준이 된다. 다른 사람은 나를 종업원으로 고용하여 자신의 부를 축적하는데 이용하려 한다. 내가 나를 평가하는 기준은 얼마나 나의 꿈을 향해 다가가고 있는가이다. 나는 다른 사람보다 나를 위해 살기때문에 욕심이 많은 사람이다.

자연, 동물, 음악과 가까이 하면서 내게는 통밥이란 것이 생겼다.

동산중턱의 집에서 개를 최고 여섯마리까지 길렀다. 주변에 집들이 없기 때문에 공부하다가 심심하면 두어 시간씩 피아노를 치면서 노래를 하곤 했다. 아무리 음감이 떨어지는 날도 두 시간을 집중하면 서서히 절정까지 올라갔다. 지금 생각해보면 공부도 일도 뭐든 마찬가지다. 그 후 나에게 두 시간은 중요한 Time Frame 이 되었다. 두 시간을 넘게 집중하면 서서히 Skill 이 개발된다. 개발된 Skill 은 그 전 과는 분명 차이가 난다. 큰 차이를 느끼기는 어렵지만, 오랜 기간을 반복하면 그 차이는 기하급수적으로 커진다.

음악이 재미없어지면 개들과 놀았다. 개들은 주변의 눈치를 보지 않고 자기들이 그때그때 하고 싶은 것을 한다. 난 이것이 "Seize the Moment(순간을 잡아라)"라고 생각했다.

개들은 나에게 바로 순간을 잡는법을 가르쳐 주었다.

동물과 음악과 친하면 "Think Outside Box(통념을 넘어서서 생각하는 것)"를 하게된다. 직장시절 내가 모시던 상무님은 그런 것을 "통밥"이라고 하며, 내게는 야망과 통밥이 있다고 하셨다. 통밥이 있으면 시행착오와 시간을 줄일 수 있다. 통밥은 기르는 것도 중요하지만 유지하는 것이 더 중요하다. 유지는 항상 머리를 오염시키지 않고 맑게 하는 것이 필요하다. 어렸을 적 독서보다 사고를 많이 했던 것이 이런 통밥을 키워줬는 지도 모르겠다. 너무 많은 일을 받아서 하면 통밥이 약해지므로 슬럼프에 빠진다. 통밥은 순발력이다. 순간 순간을 내 것으로 만들자.

음악에 대한 취미는 방위시절 음악학원을 운영하던 고참의 권유로 키보드 강사를 맡아 공연을 준비하게 되었다. 전주 학생회관을 빌려 내 순서가 되었을 때 노래를 세 곡 부르고, 다른 사람이 노래할 때는 키보드를 맡아 연주도 했다. 그 때 인연이 되어, 제대후 그 고참으로부터 가수로 키워주겠다는 제안을 받았다. 아버지는 하나밖에 없는 아들을 "딴따라"로 만들 수 없으시다며 반대하셨다. 그래서 난 두번다시 생각하지 않고 음악을 관두었다. 지금 생각해 보면 난 재주가 있었고, 고대라는 학벌과 잘 연결했더라면 좋은 마케팅이 될 수도 있었다는 생각이 든다. 저만치 보이는 가수라는 꿈과 기회를 너무 허무하게 보내버렸다.

사람들은 생각만 하지만, 난 생각하면 한다.

사람들과 친해지는 것은 쉽다. 그 사람이 있는 곳에 내가 가서 맛있는 것을 사주면 된다. 난 쓸데없는 생각이 많다. 내가 억지로하는 것이 아니라 저절로 드는 것이다. 여지껏 생각을 하고 표현하는 사람은 많이 보았지만, 실천하는 사람은 거의 보지 못했다. 하지만, 난 생각하면 실천한다.

재수시절 종로학원 핵심체크 5000 제를 외웠다. 그때 내 실력으로 고려대 입학은 불가능하다고 판단했기 때문에 생각해낸 나만의 해법이었다. 난 달력을 찢어 학력고사까지 남은 2 개월간 매일 매일의 날짜위에 5000 제 암기 스케쥴을 기입했다. 내 생각은 적중했다. 결국 고대 입학시 최상위 10% 장학금을 받고 입학했다. 이처럼 나만의 아이디어, 결단, 그리고 추진력으로 성공한 경험은 훗 날 나의 인생에 지대한 영향을 미치게 된다.

미국에 오는 것도 나의 생각이 실천으로 이행된 경우의 하나였다. MBA를 같이 준비했던 친구들이 10 명쯤 되는데 그 중 실천한 사람은 나를 포함해 2 명밖에 없었다.

직장생활을 해보면 늘 "그만둬야지"라는 말이 입에 붙어 있는 사람이 있다. 이런 사람들치고 그만두는 사람은 거의 없다. 마찬가지로 꿈을 가진 사람은 많지만 그 꿈을 실천할 수 있는 용기를 가진 사람은 거의 없다. 인생은 여정이다. 돈은 긴 여행의 도구이다. 돈이 많으면 일등석 여행을 할 수 있지만, 때로는 Economy Class 에서 만나는 사람과 대화하며 오면 긴 비행이 지루하지 않을 수 있고 호텔비를 아끼기 위해 기차안에서 자는 것도 추억이 될 수 있다. 인생의 성공은 돈이나 명예가 아니라, 얼마나 자신의 꿈을 달성하였는가로 본다. 그러기 위해서 자신의 꿈이 무엇인지를 아는 것이 중요하다. 그러려면 자신을 잘 알아야 한다. 인생의 성공은 자신의 성찰을 통해 달성될 수 있다.

직장시절 나에 대한 평가는 "어떻게 하든 맡은 일을 끝마치는 친구"였다. 나의 손님중에 태권도 관장이 하나 있었는데 내가 맡은 일의 결과가 생각보다 만족스럽지 못하게 나올 것 같아서 취소를 하고싶다고 했더니 다음과 같이 말하며 계속 진행해 달라고 했다. "남자가 한번 칼을 뽑았으면 무라도 베어야 하는게 아닌가?" 나는 우리전통 사상의 이와 같은 "남자가" 시리즈를 좋아한다. 나는 한다면 하고 칼을 뽑으면 무라도 벤다. 요즘 Wife 는 내가 진짜 무라도 벤다고 놀리곤 한다.

30 대에 미국에 오는 건 자살행위다.

내 인생의 황금기는 대학시절부터 입사초까지

중고등학교 시절은 그렇게 자연과의 동화와 음악으로 지나갔다. 재수시절 약간의 마음고생을 거쳐 대학시절이라는 인생의 황금기를 맞았다. 3 년 동안 "노는 것처럼 보이니"(그당시 대학 신입생들은 고등학교까지 억누르고 공부만했던 설움이 대학입학과 함께 폭발했던 것 같다. 결국 많은 학사경고와 낮은 학점을 받았지만, 그래도 일류대 출신이면 대기업에 입사를 했던 시절이었다.) 부모님께서 한심하게 여기셨던지 휴학을 하고 미국에 보내 주셨다. 아무 생각없던 내게 미국은 넓은 세상에 대한 도전정신과 꿈이란 걸 가지게 해 주었다. 여기서부터 나의 진정한 진실에 대한 갈망과 노력이 시작되었다. 그 전까지 한국의 교육과정은 내게 "해야하는 것"이었지 "왜 해야하는 지"에 대한 답은 못 주었던 것 같다. 미국의 오바마 대통령의 경우 하와이에서 California 의 옥시댄털 칼리지를 거쳐 동부의 Columbia 대학으로

트랜스퍼하고 나서야 정치에 대한 야망도 생기고 학업에 몰두를 했다고 한다. 나역시 미국에 오기전에는 남들이 하니까 마지못해 따라하는 공부에서 이제는 내가 관심있는 부분을 찾아 스스로 하는 학습으로 바뀌게 되었다.

나는 재수시절부터 대학을 거쳐 직장생활을 하며 결혼전까지 자취생활을 했다. 모든 결정을 내가 내리고 결과에 대해 책임을 지는 생활이 바로 황금기가 아닌가? 직장생활을 시작한 뒤에는 경제적인 독립도 이루었다. 그러나, 황금기는 다시 결혼을 하면서 시들어 진다. 한꺼번에 많은 사람들이 내 인생에 영향을 미치기 시작했다.

대기업 생활에 대하여 후배들에게 해주고 싶은 말이 너무도 많다. 그 중 입사해서 대리까지가 직장생활의 황금기라는 것이다. 이 때 미팅도 많이 하게 되고, 책임감도 그리 많지 않으므로 무조건 즐겨야 한다. 대리가 되고 나면서부터는

30대에 미국에 오는 건 자살행위다.

파릇파릇한 신입사원들에 밀려 사랑도 받지 못한다. 월급을 받으니까 경제적으로 여유가 있으므로 멋진 양복입고 대학후배들이나 여자친구를 좋은 곳에 데려가서 맛있는 것을 사주면 나에게 넘어올 수도 있다. 대리가 되기 전 인생의 파트너를 찾을 것을 권한다. 너무 늦으면 자신이 이것저것 따지게 되어 결국 올바른 선택을 하지 못하게 된다. 아니면 아예 독신으로 살면서 하고 싶은 대로 하면서 살거나...

여의도의 멋진 빌딩들은 대학생들의 꿈

1년간 미국에서 체류하고 한국에 돌아올 때 비행기에서 눈물이 핑돌며 가슴이 뭉클해 짐을 느꼈다. 내가 중고등 시절 방학때 서울에 올라가는 고속버스 안에서 느꼈던 것과 비슷했지만 강도는 훨씬 더했다. 내 안의 무언가가 나의 존재에 대한 이유를 강하게 Appeal 하는 것이었다. 그 때 난 "반드시 다시 오리라. 지금은 학교를 마쳐야 하므로 돌아가지만, 이 큰 세상에 반드시 돌아와 다시 도전할 것이다"라고 되새기며 가까스로 눈물을 삼켰다.

나와 내 친구들은 모두 여의도의 멋진 빌딩에 취직하는 것이 꿈이었다. 대학은 움직임이 느리고, 강의실에 갖혀 탁상공론이나 하는 것 같아 한심해 보였다. 이제 학교를 떠나 세상을 경험할 때다. 그 당시 나는 미국의 기를 받아 아주 Aggressive 했다. 닥치는 대로 일곱군데 원서를 밀어 넣고 그 절반에서 입사합격 통지를 받았다.

어떤 회사의 환영식에서는 나를 불러 일으켜 세우기도 했다. 입사점수가 아주 좋았던 것 같다. 그 중에서 LG 를 선택했다. 그 이유는 여의도 쌍동이 빌딩에 근무하게 되기 때문이었다. 난 직장생활 6 년 반의 대부분을 LG 강남타워와 여의도 쌍동이 빌딩에서 보냈다. 강남타워 근무시에는 아버지가 와서 보시고 놀라 말씀하셨다. "이런 곳에서 일하니 항상 양이 안차지."

회사를 선택하는 기준이 지금 생각해 보면 참 순진했다. 물론 LG 입사면접에서 빌딩이 멋있어서 지원한다고는 말을 안했다. 그때까지 LG 에 대한 이미지와 회사에 대한 정보, 그리고 멋진 빌딩에 다니는 나의 모습에 대한 상상만으로 나의 미래와 커리어가 결정이 되었다. 누구나 마찬가지겠지만 어떤 사람도 직접 부딪쳐 일을 해보지 않고는 그 회사와 그 Job 에 대해 100% 정보를 가지고 있을 수 없다. 여기에 개인의 운이 작용을 한다고 생각한다. 어떤 친구는 내가 보기에 정말 나보다 부족하지만, 운이 작용하여 선택한 회사와 Job 이 나보다 훨씬 더 좋은 보상을 줄 수 있는 것이다.

학교시절 공부를 열심히 하지 않았지만, 운좋게 좋은 Job 을 얻어서 지금 잘 나가는 친구가 있다. 요즘 대기업에 다니는 나의 친구들의 직급은 과장 또는 차장이다. 한참 일이 많고 책임감이 많을 시기이다. 어떻게 지내냐고 물으면 대부분 "죽지 못해 살지"라고 하는데 유독 앞서말한 운좋게 좋은 Job 을 가지고 있는 친구는 회사에 대한 칭찬과 자부심이 대단하다. 정말 그 회사의 그 Job 이 좋은 것일까? 아니면 그 친구 수준에서 그 Job 보다 좋은 Job 을 상상할 수 없기 때문일까? 참 궁금했다.

30 대에 미국에 오는 건 자살행위다.

전공불문이라는 꼬리표를 떼자

회사의 지원자격 중에 전공불문이란 말이 눈에 자주 띈다. 전공에 상관없이 4 년제 대졸자가 지원할 수 있다는 것이 원래의 의미다. 하지만, 우리과(불문과) 출신 지원자들은 원서지원시 전공불문이 "불문과 전공자"를 의미한다며 농담을 하곤 했다. 상경계도나 이공계도 아니고, 예체능계도 아닌 것이 전공불문은 전문성이 없어서 마치 "아무나"라는 인상을 준다. 지원하는 사람도 뽑는 측도 문제이다. 중요한 업무가 전공이 상관없다는 것이 이해가 되지 않는다. 당시 기업측에서는 대학의 교육 수준을 신뢰하지 않으므로 어차피 재교육이 필요하므로 전공이 상관없다는 설명이었다. 하루빨리 학생들은 자신의 꿈에 맞는 전공을 선택할 수 있도록 교육제도가 개선되어야 하고, 대학교육도 기업의 재교육이 필요없을 정도로 현실에 맞는 교육이 이루어져야 할 것이다.

불문과 전공이 계속 꼬리표처럼 따라 다닌다. 어떤 내 동기들은 복수전공을 한 후 불문과라는 사실을 숨기고 사는 동기들도 있다. 난 6년 반이란 LG 근무시절 IT 기술영업팀과 기획팀에서 일을 했는데, 불문학 전공의 꼬리표는 날 잘 알지 못하는 동료들로부터 선입견을 만들곤 했다. 하지만 내 업무능력과 창의력은 누구보다도 뛰어났으므로, 오래지 않아 주변 동료들로부터 금방 인정을 받았다.

기획을 하면서 LG 임원의 거의 전부가 박사임을 알았다. 임원을 달지 못하면 부장을 하다가 그만두게 된다. 부장으로 그만두면 퇴직금으로 칼국수집을 차리거나, 비디오 가게를 오픈하는 것을 보았다. 특히 거대조직의 한 팀에 속하여(예를 들면 수입팀) 20여년을 그 한 업무만을 하고나서 그만두고 비디오 가게를 오픈한다고 생각하니, 다시 존재의 이유에 대한 의구심이 미칠 듯이 고개를 들고 일어났다. 먹고 살기위해 대기업에서 한 업무의 전문가가 되어

젊음을 바쳐 일하고, 그만둘 때 남는 것은 써먹지 못할 그 특정업무와 처음부터 다시 시작해야 하는 끔찍한 현실이었다. 가족의 Support 를 위해 우리 아버지들은 자신의 꿈과 존재의 이유를 이처럼 희생해 왔다.

그러면 나는... 첫째, 대기업에 들어왔으니 임원까지 달던지, 아니면 어차피 칼국수 집을 차릴 것이면 늙으막에 다시 시작하지 말고 아예 지금부터 차려서 그 나이가 되면 체인을 거느리자. 둘째, 전공불문의 꼬리표도 MBA 로 떼어 버리자. 세째, 만일 위 둘이 해답이 아니면 MBA 가 해답을 가르쳐 주겠지. 이것이 나의 본래의 WHY MBA 였다. 나중에 이것이 완전히 틀렸음을 깨달았을 때는 이미 늦어 버린 뒤였다.

직장에서 팀 옮기기, 회사를 옮기기, Industry 이동

나는 직장에서 팀을 자주 옮겼다. 처음 엔지니어로 입사를 해서 교육을 마치고 프로젝트 기획일을 시작했다. 그리고 1 년이 지나 엔지니어로 돌아왔다. 다시 6 개월 지나서 기술영업으로 옮겼다. 다시 2 년이 지난 후 기획으로 옮겨 나머지를 보냈다. 이 중 마지막 이동은 내가 원해서 한 이동이었다. 정확하게 말하면 나는 해외마케팅팀과 교육지원팀을 원했는데 팀장님이 반대하여 억지로 선택한 팀이었다.

팀장님은 이렇게 말씀하셨다. 본인인 원해서 팀을 옮길 수 있는 기회는 직장생활중 한 번 정도 온다. 원하는 것을 끈질기게 Appeal 해야 하고 실패하면 팀 동료간의 관계를 회복하는 것이 쉽지 않다. 결국 나는 성공적으로 팀을 떠났지만, 원하는 팀에는 가지 못했다. 어쨌든 제 2 의 직장생활이 시작되었다.

30대에 미국에 오는 건 자살행위다.

사내충원을 할 때는 이유가 있다. 보통 사람을 뽑을 때는 두가지 정도의 이유가 있다. 첫째, 일이 정말 많아서 이거나, 둘째, 현재 있는 사람들이 특정한 어떤 일을 기피할 때 충원을 하려 한다. 두번째의 경우에는 정말 골치아프다. 기피하는 일은 매우 힘들거나, 비젼이 없는 일이다. 일이 많아도 재미있는 일이면 Survival 할 수 있지만, 일이 없어도 비젼이 없는 일이면 Survival 하기가 쉽지 않다.

나는 호기심이 매우 많고 일을 빨리 배운다. 일을 맡아서 며칠 가지고 놀다보면 금방 마스터하고, 지루해 지기 시작하면 다른 일을 기웃거리게 된다. 내가 싫어하는 일은 Detail 한 일을 끊임없이 반복하는 일이다. 배울 것이 없는 일은 하고 싶지 않았다. 내가 좋아하던 해외마케팅팀의 차장님이 해준 말이다. 언제 직장생활에 만족을 느끼냐는 질문에, "무언가 배운다고 느낄때"라고 했다. 그러면서 덧붙이기를, 현행 대기업의 평가시스템으로 볼때

성과에 대한 보상으로부터의 만족은 포기했다고 말했다. 당시 사업부내에서 최고의 업적을 내면 25%의 월급인상 제도가 있었던 것으로 기억한다. 대기업이 개인기업이나 벤쳐와 다른 것중의 하나가 바로 성과보상이 아니겠는가?

어떤 사람은 익숙하고 쉬운 일만 하고자 하므로, 진득하게 한 업무만 고수하는데, 나에게 그런 Job 은 죽고 싶을 정도로 지루하게 만드는 일이다. 인생은 너무 짧아서 매일 사소한 것을 반복하면서 보낼 수는 없다. 짧은 인생동안 최대한 많은 경험을 해야 한다. 인생이 여정이면 최대한 많은 곳을 보고 많은 사람들을 만나봐야 한다.

2 가기 전

결혼은 끝이 아니라 시작이며 살아온 날보다 살아갈 날들이 훨씬 힘들 것이다.

아버지께서 결혼은 시작이며 앞으로 살아온 날보다 살아갈 날들이 훨씬 힘들 것이라고 하셨다. 어떤 결정을 할 때마다 Wife 와 상의를 해야 한다. 거기에다 아이가 있으면 항상 제일 먼저 고려가 되어야 한다. 예를 들어, 이사를 가면 아이의 학교문제가 최우선이다. 외식을 할 때도 아이가 좋아하는 음식이어야 한다. 등등... 이런 점들은 나의 의사결정을 늦고 우유부단하게 만들었다. 원래 나의 강점은 빠른 결정과 추진력이었는데 말이다.

가장으로서의 책임감이 가장 힘든 부분이었다. 나는 어떤 결정을 내리면 과감하게 그외의 것들은 버리거나 잊어버려야 하는데, 그것이 나만의 문제가 아니고 "가족"의 문제가되면 다시한 번 생각하게 된다. 혹시 나중에 어떤 다른 곳에 쓸 수 있을지 등등. 결국 이것 저것 버리지 않고 다 끌고 가다보니 머리는 복잡해지고 몸은 무거워질 수 밖에 없었다. 이들은 다시 나의 경쟁력이던 창의력과 추진력에 영향을 주게 되었다. 악순환이 시작되었다. 이 악순환의 고리를 끊어야 다시 경쟁력을 찾을 수 있다. 성공하려면 이 고리를 끊는 법을 터득해야 한다.

표나는 것을 챙기면서 사소한 것을 무시하다 보면 Wife 의 미움을 사게 됨을 알았다. 미국에 와서 부부 사이가 멀어져 별거중인 선배가 다음과 같이 말해 주었다. "나도 10 년까지는 사이 좋았다. 15 년 되봐라. 여자들은 눈앞에 보이는 것에 치중하고 남자들처럼 미래나 큰 그림 속에서 생각을 하려 하지 않는다." Wife 는 내가 생각하기에 사소한 것으로부터 스트레스를 받는것처럼 보였다. 사소한 농담 한마디나 작은 행동 하나에도 쉽게 토라져서 말을 안하거나 눈길을 피했다. 말 한마디 행동 하나하나 신경을 써야하면 얼마나 피곤한 삶이 되겠는가?

시간이 지나며 나름대로 적응하는 방법을 깨달았다. 말과 행동을 하기 전에 잠깐 그 영향을 생각해 보기로 했다. 앞서 예방하는 것이나 일이 터지고 난후 수습하는 것이나 따지고보면 비슷한 노력이 들어간다는 판단에서였다. 그렇다면 기분좋게 지내는 것이 좋으니 나는 예방쪽을 선택했다.

또하나 부부생활에서 깨달은 것은 너무 배려를 할 필요가 없다는 것이다. 예를 들어, Wife 가 피곤할 것 같다고 아이의 After School 을 혼자서 알아볼 필요는 없다. 큰 일을 했다고(중요한 일이지만) 인정도 못받을 뿐더러 그 시간에 돈 안벌어 왔다고 원성만 듣게 된다.

잘 나가는 대기업 둘 다 그만두고 갈 때 친구들이 미쳤다고 했다.

MBA 를 가기로 결정했을 때 우리부부는 둘 다 대기업에 근무하고 있었다. Wife 는 전공분야 석사에 연구직이었으므로 안정적이었고 나는 파워가 있는 기획팀의 고참 대리였다. MBA 에 간다고 친척들과 친구들에게 알리기 시작했을때 예상보다 반응이 부정적이었다.

Wife 친구는 기회비용을 따져 보라고 했다. 나는 큰 세상이 있음을 알면서도, 좁은 세상에 남아서 아웅다웅하는 것이 꿈과 존재의 이유를 Cost 로한 기회비용이라고 Argue 했다. 대부분의 친구들이 미쳤다고 했다. 늦으막에 유학가는 것이 부러워서 질투하는 것일까? 아니면 정말로 가면 실패할 확률이 높아서 우리를 생각해서 해주는 말일까? 가고 싶어도 시험준비를 할 자신이나 용기가 없으니 방어본능으로 나온 것일까? MBA 붙어서 가는 나와 비교되는 것이 싫어서 나도 못가게 하려는 것이었을까? 입장바꾸어 나라면, 조건이 되면 무조건 가라고 할 것 같다.

처음 MBA 에 대하여 Wife 를 설득할 때 나는 다음과 같은 표현을 썼다. "우리 가족이 탄 달리는 열차가 앞에 철길이 끊겨 벼랑끝으로 추락하게 된다면 지금 뛰어내리는 것이 나을까, 아니면 끝까지 다른 사람들과 타고 있다가 함께 추락하는 것이 나을까?"

친구들의 반응에 대하여 내가 할 수 있는 말은 "Challenge"라는 말밖에 없었다. 더 큰 기회와 도전을 위해 MBA 를 선택했다고 말이다. 이제껏 너무 쉽고 무난하게 자리잡은 인생은 내게 재미가 없었다고 말이다.

지금 생각해 보면 백번 미국에 온 일은 잘한 일이다. Wife 는 3 년차까지만 해도 아직 결과가 안나왔으니 지켜봐야지라고 말해오더니, 지금은 당연히 잘왔고, 앞으로 억대연봉의 오퍼를 받지 못하면 한국에 가지 않겠다라고 단언한다. 미국에 온 것이 잘 된 이유는 첫째, 내 인생의 폭이 엄청나게 커졌고, 둘째, 아이의 교육과 인생을 위해 좋은 선물이 될 것이며, 세째, 나의 꿈을 달성하는 것이 가능한 범위로 좁혀졌기 때문이다.

잘 나가는 대기업은 나에게나 Wife 에게나 끝이 아니고 시작이었다. 또한 대부분의 사람들에게 (로얄 패밀리가 아니면) 끝이 될 수 없다. 언젠가 헤어질 운명이면 준비가 될 때 떠나자. 그리고, 가급적이면 준비도 늦출 필요 없는 것이다. 난 사람들과 약속을 하면 보통 5 분 먼저 도착한다. 막판에 몰려 허둥대는 사람들과는 친해지기가 항상 어려웠다. 미리미리 준비하는 것이 미친 것일까? 아니면 지지부지 끌다가 막판에 몰려 허둥대는 것이 미친 짓일까?

My Case 1: 대기업을 버리고 미국으로 간 이유

자취생활 10 년차인 내게 결혼으로 생활에 큰 변화가 생겼다. 처가집이 생기고 처남이 생겼다. 친구들도 대부분 결혼을 하니 놀 사람이 없어졌다. Wife 와 나, 둘 다 대기업 생활을 하니, 큰 실수없으면 인생은 이렇게 그냥 가는 것이었다. 그 와중에 기획팀 대리로서 나의 업무 중 팀과 팀장의 성과를 평가하는 일이 있었다. 안타깝게도 낮은 평가점수를 득한 고참 부장님 한 분이 회사를 그만두시게 되었다. 일요일에 출근해서 짐싸시는 것을 도와 드렸다. 자신감을 잃으신 고참 부장님을 보자니 만감이 교차했다. 한 부서에서 20 여년간 충성한 결과이다.

그 즈음 동네 비디오 가게에 비디오를 빌리러 갔다가 가게 아저씨가 해주신 이야기다. 대기업에서 전산실장을 하다가 작년에 그만두고 비디오 가게를 오픈하셨다고 했다. 아무것도 모르고 덜컹 뛰어 들어서 손해를 좀 보았다 한다. 만일 이 가게를 젊어서 시작했더라면 큰 돈을 벌었을 거란다.

MBA 를 마치고 MS 에서 일하고 있는 친한 후배가 예전에 한 말이 있다. "나는 믿지는 장사는 안해". 믿지는 장사라는 것이 뭘까? 내것과 남의 것을 교환할때 가치가 비슷하거나 남의 것의 가치가 높아야 믿지는 장사가 아니다. 회사가 자기 아버지의 것이면, 조금 덜 받아도 내가 물려 받을 것이므로 믿지는 장사가 아니다. 하지만 아버지 회사가 아니면, 내가 물려 받을 것이 아니므로 제대로 대우를 받아야 믿지는 장사가 안된다. 40 대 중반이 정년이라는 말이 나오는 요즘 믿지는 장사를 피하기는 쉽지 않아 보인다. 공격이 최선의 방어다. 회사가 나를 자르기 전 내가 회사를 버리자.

아래는 유학시절 내가 지은 짧은 노트인데 까페에 올렸더니 반응이 좋아서 이 글에도 적어보았다.

대기업으로 나의 한계를 결정짓고 싶지 않았습니다.

또한 한국으로 나의 한계를 결정짓고 싶지 않았습니다.

렉서스를 꼭 타고 싶었습니다.

어학연수때 영어 하나만으로도 세계가 나의 무대가 될 수 있다는 가능성을 보았습니다.

엄청나게 커지는 세상과 문화와 지식을 바로 앞에 두고,

대기업의 비좁은 나의 스페이스와 책상과 컴퓨터와 아웅다웅하는 부서간, 직원간 다툼은

나를 결코 만족시킬 수 없었습니다.

저 큰 세상을 두고 평생 이 비좁은 자리에서 컴퓨터나 두드리며 산다고 생각하니 이 세상에 왜왔나?는 생각도 들었습니다.

아버지는 늘 제게 "Boys, Be Ambitious"라고 하셨습니다.

한 번 왔다 가는 세상, 사고 한 번 크게 치고 싶어서 대기업을 버리고 미국에 왔습니다.

우황청심원 덕에 마음 편히 GMAT을 보니 550점, 내 사전에 MBA가 과연 존재할까?

난 GMAT 을 세 번 봤다. 첫 시험에서 Verbal 영역은 알고 푼 문제가 별로 없을 정도였다. 자존심도 상하고, 좌절감도 맛보았다. 하지만 대장부 한 번 칼을 뽑아 쥐었으니 두부라도 썰어야 하는 것 아닌가? 나름 열심히 준비해서 두번째 시험을 치르러 갔다. 가기전 친한 친구의 조언으로 우황청심원을 시험 시작전 먹었다. 시험 공포감을 없에 줄 것이라고 했다. 하지만 이건 왠걸, 마음이 너무 차분히 가라 않으니, 시간은 가는데 끝내야 한다는 강박관념이 사라지니고 그저 마음만 편해지는 것이었다. 결과는 잘하던 Math 마저 망쳤다.

GMAT 은 두려움을 없에야 한다. Verbal 시험에 대한 두려움을 없에는 것은 하루아침에 되지 않는다. 100 줄 가까이 되는 지문을 읽고 풀어야 할 지, 문제를 먼저 읽고 거꾸로 지문을 찾아가야 할 지 등의 판단과 끊임없는 비판적 사고를 장시간 끌고 가야만 한다. Verbal 에서 높은 점수를 얻으려면 어려서부터 책을 많이 읽어서 속독속해 능력이 뛰어나거나, 포토그래픽 메모리를 가졌거나, 아니면 테크닉과 통밥이 유달리 뛰어나야 한다. 그런 점에서 GMAT 은 꼭 MBA 를 안가더라도 공부해 두면 좋은 시험이다.

나는 마지막 방법을 사용했다. Official Guide 의 모든 문제의 유형을 암기하고, 최대한 많은 Practice Test 를 입수하여 시간을 재면서, 통밥과 문제해결 테크닉을 훈련했다. 모든 Practice Test 에서 최소한 90% 이상을 맞출때까지 계속 반복하여 테크닉을 훈련했다. 물론 이 방법으로 진정한 영어 실력이 향상되지 않는다. 단기간에 목적을 달성하는데만 활용해야 한다. Top MBA 에서는 동양인들(중국, 한국 등)의 GMAT Score 에 대한 의문을 제시하고 있다고 한다. GMAT 점수가 높은 학생들이 이상하게도 말하기 능력이 턱없이 부족하거나 학교생활에 적응을 잘 못하기 때문이었다. 따라서 GMAT 점수는 Minimum Score 의 개념이 되었다. 예를 들어 어느 대학의 MBA 에 들어가기 위해 최소한 GMAT 680 점을 확보해야 한다와 같은 개념이다.

결국 나는 GMAT 시험에서 우황청심원이 아닌 반복연습으로 원하는 점수를 얻었다. 내가 동네에서 어설프게 스케이트 보드를 연습하고 있으면 지나가는 사람들이 다음과 같이 말했다. "Practice Makes Perfact."

.

TOFLE, GMAT, ESSAY Short-Cut은 있는 걸까?

내가 개발한 Short-Cut 은 있다. 하지만, Short-Cut 은 문제를 해결하는 근본적 해결책이 결코 될 수 없다. Short-Cut 으로 얻은 점수를 나의 영어 실력이라고 제발 생각하지 말자. 점수와는 달리 영어 실력은 장기간의 끊임없는 노력으로 서서히 향상됨을 이해하자.

TOFLE 이나 GMAT 이나 Short-Cut 공부법은 비슷하다. 최대한 많은 문제 유형을 암기한 후, Practice Test 의 반복연습으로 문제를 푸는 감을 최고의 수준으로 올려놓는 것이다. GMAT Math 의 경우 어떤 학원에서는 기출문제를 수험생들을 통해 최대한 복기하여 다루기도 한다. Verbal 의 경우 수험생들이 만든 한글로 된 시험후기(Verbal 에서 나온 지문의 내용을 최대한 재생해 내는 것)를 달달 외운후 시험을 보러 가기도 한다. Math 는 후기가 어느정도 도움이 될 수 있지만, Verbal 은 크게 도움이 되지 않을 것이다.

Verbal 은 시간이 허락하면, 영문 소설을 많이 읽는 것이 도움이 될 수 있다. 직장생활하면서 공부를 하려면 집중하기도 어렵고 엄두가 나지 않을 수 있다. 어학연수 시절 리딩을 연습하고 싶은데 어디서부터 해야 할 지 엄두가 나지 않았다. 그때 우연히 TV 에서 나이키 로고 "Just Do It"을 보았다. 그냥 닥치는 대로 읽으며 스트레스를 받지 않으려고 노력했다. 그냥 Try 해서 잃을 것 보다는 얻을 것이 많지 않은가? 나중에 MBA 는 가지 않더라도 영어실력은 좀 늘지 않겠는가?

Essay 의 경우 최대한 많은 MBA 지원 에세이를 구하여 공통적으로 해당하는 부분을 짜집기하여 재구성한 후 스터디 그룹에서 돌려 읽으면서 최대한 내용을 다듬는다. 여러 사람이 돌려 볼수록 좋다. 그리고 나서 Native Speaker 에게 10 만원 상당 백화점 상품권 같은 것을 주고 Proof-Reading 을 부탁하면 된다.

이처럼 Short-cut 은 있지만, 이런 방법으로 MBA 를 오면 고생할 뿐만 아니라 마치고도 미래가 보장이 되지 않는다. 가장 좋은 방법은 역시 시간이 걸려도 제대로 공부하길 권한다. 어려운 GMAT 시험이라도 학원에 가기보다는 Barron's, Kaplan,

30 대에 미국에 오는 건 자살행위다.

Prinston Review 와 같은 곳에서 나온 GMAT 전략학습서부터 시작해서 접근법을 스스로 터득해 가는 것이 중요하다. 거기에 근본적인 리딩스킬을 향상시키기 위해 영문소설과 같은 것을 다독하길 권한다.

거봐라 진짜 말한대로 실천했지?

세 곳에 원서를 넣어 두 곳으로부터 합격통지를 받았다. 나의 학교 선정기준은 다음과 같았다. 낮에 아르바이트가 가능하고, 현지취업이 유리하고, 학비가 저렴할 것이었다.

California 에는 CSU 계열과 한국에서 잘 아는 UC 계열이 있다. 전자는 공립학교 계열이고, 후자는 사립학교 계열이라고 하면 될 것이다. 전자는 후자에 비해 입학 점수가 그리 높지 않은 반면, 학비는 500 만원 대로 아주 저렴하다. 따라서, Fulltime 유학생보다는 현지에서 일을 하면서 MBA 를 하는 Parttime 현지인 경우가 많다. 나는 CSU 계열을 선택했다. 학비가 저렴하고, 아르바이트가 가능하고, 학생들의 대부분이 실제 일을 하고 있는 경우가 많으므로 자연스럽게 네트워킹이 될 수 있으리라 판단했다.

가족들 친척들을 만나 인사드리고, 친구들과 송별회도 했다. 아버지는 내가 준비하고 있다고 말씀드렸을 때는 해보라고 하셨는데 막상 붙어서 간다니까 다시 한번 고민하시는 눈치셨다. 적은 돈만

가지고 나가는 우리 부부가 매우 안스러웠던 모양이었다. 아무튼 주변 사람들에게 나는 말하면 지킨다는 것을 다시한 번 각인시켰다. 앞으로도 내 사전에 포기란 없다. 나는 한다면 한다.

임신 5 개월의 Wife 와 공항에서 출국하는 날 미래에 대한 기대와 두려움으로 설레는 마음으로 비행기에 올라탔다. 이것이 앞으로 일어날 큰 (내 인생을 송두리채 바꾸어 놓을) 변화의 시작인 줄은 생각도 못한채... 나는 MBA 준비를 1 년 동안 했다. 나름대로 완벽하게 준비했다고 생각했는데도 3 개월만에 계획을 전면 수정했다. 한국에서의 생각은 이 곳 미국에서는 적용되지 않았다. 아르바이트가 가능했지만 수업시간에 졸음이 와서 수업을 듣는데 방해가 되었다. 현지취업을 위해서는 취업스폰서가 필요한데 대부분의 미국회사는 스폰서를 서주지 않거나 개념자체가 없는 회사가 대부분이었다. 생각대로 학비는 저렴했지만, 공부를 제대로 하기 위해 아르바이트를 포기하니 생활비의 부담이 커졌다. 결국 나는 공부로 승부를 걸지않고 일로 승부를 걸기로 했다.

미국생활 4 년차가 되었을때 처음으로 아버지가 미국의 우리집에 방문을 하셨다. 그 때 다음과 같이 말씀 하셨다. "고생 많이 했다. 잘 되어 마음이 흡족하다. 고생할 때 도움을 못주어 미안했다. 하지만, 돈을 많이 도와줬더라면 지금처럼 너희가 자리잡지 못 했을 것이다."라고 하셨다. 동감하는 부분이다. 실제로 부모의 도움을 받아 유학오거나 많은 돈을 가지고 MBA 에 온 사람중 미국에서 성공적으로 자리잡은 사람은 별로 보지 못했다.

3 미국에서 6 년 동안

결혼한 지 2년이 못 되어 도미, 아이는 Wife 뱃속에서 자라고 있고.

미나가 뱃속에서 5 개월 쯤 되어 미국행 비행기를 탔다. 내 기억에 임신 6 개월이 지난 것을 알면 항공사에서 (태아의 안전을 이유로) 탑승을 거부할 수 있다. 우리 부부는 결혼을 10 월에 하고, 그 다음다음 해 8 월에 출국을 하니 결혼 후 2 년이 못되어 도미를 한 셈이다. 아직 처갓집 식구들과 그리 친해질 시간도 없이 바로 떠나게 되어 좀 미안했다.

아이는 AIM 이라는 정부 Program 을 통해서 났다. AIM 은 쉽게 설명하자면 California 에서 산모가 경제적인 어려움 때문에 병원을 못 가거나 출산후 육아를 제대로 하지 못할 것을 대비한 사회보장 제도의 하나이다. 일반적으로 보험이 적용되지 않는 출산의 경우 한화로 약 3 천만원 이상이 든다고 한다. 하지만, AIM 을 통하면 비교도 되지 않는 저렴한 비용으로 출산 및 육아지원이 된다. 지인의 도움으로 AIM 을 알게 되었고 나중에 알게 된 일이지만, 이것은 영주권을 받을 때 문제가 대부분 되지 않는다고 하여 안심했다.

임신 5 개월에 비행기를 타는 것을 보고 혹자는 유학을 가장한 원정출산이라고 비꼬기도 했다. 글쎄,,, 그것은 미나의 Luck 이 아닐까? 임신한 후에 MBA 로부터 합격 통지를 못 받았으면 못가는 것이니 말이다. 유학와서 출산하는 부부들도 적지 않다.

이민 초기에 어느 선배가 해 준 말이다. 이 곳에서는 미국에 온지 3 년된 사람끼리 어울리고, 5 년된 사람끼리 어울리고, 10 년된 사람끼리 어울린단다. 시간이 갈수록 "Americanized" 되므로, 비슷한 기간을 산 사람끼리 공감대가 형성된다는 말이다. 나도 어느정도 Americanized 된 사람으로서 한국정서중 싫어하는 부분이 생겼다. 예를 들면, 드라마를 보면 찔찔짜는 내용이 너무 많다는 것과, 손을 걷어 붙이고 일을 하는 사람을 왠지 낮게 본다는 것 등이다(나도 대기업 다닐때 사무실 청소는 커녕 전표 한장도 쳐본적이 없다). 그 중에서 가장 거부감을 일으키는 것은 눈가리고 아웅하는 것이다. 나는 원래 어떤 문제에 봉착하면 그 문제의 근본을 찾아 뿌리채 뽑아야 마음이 편해지는 성미이다. 눈에 보이는 것만 살짝 덮어 놓고 넘어가려는 사람은 나와 친해질 수가 없다. 제대로 살면 성공할 수 없고, 뭔가 편법을 쓰거나 사기를 쳐야 성공할 수 있다고 하는 사람들을 만나면 피하고 싶다. 같은 맥락에서 원정출산과 기러기 부모를 반대한다. 미국인을 만들고 미국의 교육을 받게 하고 싶으면 이민을 오면 되지 않나?

Eye-Witness Report 1: 기러기 아빠에서 위기의 남자가 된 선배의 이야기

1 년간 기러기생활 후 보스톤으로 들어온 선배의 이야기다. 40 세가 넘어서 오니, 할 수 있는 일이 많이 없었다. 다행히 사촌이 운영하는 일식집에 주방장 보조로 일을 시작할 수 있었다. 한국에서 가져온 돈은 사촌의 일식집에 투자된 상태였다. 형수님은 하숙집을 운영하며 학교를 다니셨다. 선배는 형수님이 학생비자를 소지하고 있으므로 같은 가족으로서 신분을 유지하고 있다. 학생비자는 입학허가를 받은 학교에 Fulltime 으로 재학시에만 합법신분이 유지된다. Parttime 으로 등록을 하거나 학교를 다니지 않으면 비자가 있어도 불법신분이 되므로 미국이외의 나라에 가게되면 다시 미국에 입국할 수 없게 된다.

스시를 배우면서 새벽부터 밤늦게까지 일하고 고작 벌어가는 것은 1300 불. 돈이 문제가 아니었다. 한국에서 일류대를 나와 나름대로 크고 작은 회사에서 경력이 15 년이 넘는 사람이 하루종일 오이나 까고 행주나 빨고 있으려니 비젼이 안보였다.

Wife 와 상의를 했더니 힘들다고 그만두면 안된단다. 결국 반대(LA 에 가면 이혼을 각오하라고 했다)를 뿌리치고 LA 로 혼자 왔다. 형수님은 F1 으로 체류중이었는데 내년이면 학업을 마치므로, 당장 신분문제가 생기게 된다. 그래서 E2 를 알아보고 계신단다. 하지만, 선배는 형수님과의 사이가 이미 멀어져서 자칫 불법체류자가 될 위기에 놓여 있다.

그 선배는 다음과 같이 말했다. LA 만 해도 한인타운이 크고 초기 이민자가 밀집해 있기 때문에 신분 문제에 대한 정보를 접하기 쉽다. 하지만, 보스톤은 이런 유용한 정보를 얻을 수가 없고, 조언을 주는 사람들은 있지만, 이들은 이미 오래전에 신분문제를 해결한 사람들이라 최신의 변동된 이민정보를 잘 알지 못하고 관심 또한 없다. 자기들 딴에는 도와준다면서 Wife 에게 이런 저런 조언들을 하지만(E2 를 권유하는 등), LA 에서 알 만한 사람들을 통해 확인해 보니 그런 조언들이 도움보다는 오히려 가족을 벼랑으로 몰고 갈 가능성이 높아 보였다고 했다. 심지어 선배는 형수님이 주변사람들 말대로 투자비자를 신청하였다가 결과가 잘못되면 고집이

꺾여 선배와 다시 합쳐질 수도 있지 않겠냐고 말하기도 했다.

그 선배는 지금 LA 에서 자동차 영업을 하다가 고대 교우회를 통해 신문사의 광고영업직을 적극적으로 알아보고 있다. 어떻게 해서든지 빠른 시일 안에 신분문제를 해결하여 떳떳하게 헤어진 가족을 다시 합치기 위해서이다.

한국에서는 절대 못 할 것이므로 하고싶었던 일 - 샌드 위치 가게에서 서빙

한국에서 대학시절 혹은 대학 근처에 갈 때마다 하고 싶었던 것 중의 하나가 맥도날드나 스타벅스, 또는 까페에서 아르바이트 하는 것이었다. 미국에 살면서 좋은 것 중의 하나가 바로 눈치볼 필요가 한국보다 덜 하다는 것이다. 이 곳에서 17년을 살고 현직 고등학교교사인 어떤 분이 다음과 같이 말했다. 결혼한 지 2년만에 시댁에서 한국에서 다시 결혼하라고 불러서 한국에 나갔다. 아마 추기금을 한번 더 받으려고 했던 모양이다. 17년 만에 한국에 나가니 한국의 문화를 잘 모를 수밖에. 마켙 심부름을 시켜서 츄리닝 차림으로 나가려 하니, 시어머니가 막으시면서 화장을 하고 나가라고 하셨단다. 예전에 UCLA 에서 어학연수 시절, 가끔 캠퍼스에 보이는 정장에 하이힐을 신은 여학생들은 대개 한국에서 어학연수 온 학생들이었다.

이곳에 사는 젊은 사람들이 한국에서 온지 얼마안된 사람을 "FOB(Fresh off the Boat)라고 뒤에서 흉을 보는 경우가 종종 있다. 이제 막 배에서 내렸기 때문에 세상 물정을 모르는 촌놈이라는 의미이다. 주로 이들은 옷차림, 억양, 또는 자동차 번호판의 장식 등으로 FOB 를 구별해 낸다. 이곳에 오래산 사람들은 한국인 중개인에게 마진을 붙여주면서 차를 사지 않고 직접 Dealer 를 찾아가므로 자동차 번호판 장식에 한국자동차 중개회사의 이름이 새겨있으면 영어가 잘 안되서 한국인으로부터 구매한 것으로 가정을 하는 것이다. 마찬가지로 대학캠퍼스에서 정장에 힐을 신고 있어도 FOB 으로 오인되기 쉽다.

아르바이트로 샌드위치 가게에서 서빙을 시작했다. 설겆이를 하다가 게수대에 있던 나이프에 오른 새끼손가락을 비어 살점이 1.5cm 가량 일어났다. 당시 CSUN 에서 MBA 를 하고 있던 중이라 학교 안에 있는 병원에 갔다. 붕대를 풀다가 피 한 방울이 간호원의 바지에 떨어지니, 갑자기 환자는 내팽개치고 소독약으로 자신의 바지를 정신없이 닦는 것이었다. 벌어진 살점은 잘 눌러 붙였지만 흉이 진하게 남았다. 그후 심심할 때 상처를 보는게 습관이 되었다.

미국의 한국인 1 세 들은 대게 식당이나 세탁소 등의 Mom & Pop Small 비즈니스를 운영한다. 대부분 가족이 하루 종일 매달려 일하면 한 달 생활비가 떨어지는 정도이다. 자기가 주인이라 자기 맘대로 운영할 것 같지만 천만의 말씀이다. 아침부터 저녁까지 자기가 지켜야 하므로 자유가 더 없다. 그런대다 한국에 있는 친척들은 번갈아가며 미국에 와서 관광을 시켜달라고 조른다. 하루 종일 몸을 굴려서 그날 그날 사는 사람들에게 고통을 더해주지 않았으면 한다.

Eye-Witness Report 2: 집이 애물단지가 되 버린 아메리칸 드림

MBA 를 마치고 은행에 취직하여 10 년만에 영주권을 받은 선배의 얘기다. 좋은 차도 몰고 최근에 좋은 학군에 집을 사서 아이도 좋은 학교를 보내니 한국에서 보면 "아메리칸 드림"을 성취한 것 같다. 하지만 속을 보면 다르다. 집값이 떨어지자 다운한 십만불이 날라갔다. 이자만 내고 있는 변동 몰기지가 내년초 Reset 되면 원금이자 포함 페이먼트가 최소 두 배 이상이 될 것이다. 지금 그 선배의 수입으로 어림도 없다. 집을 빼앗기게 될 것이다. 집을 빼앗긴 것으로 끝나면 다행이다. 은행과 같은 금융기관은 해마다 한번씩 정기적으로 직원의 신용점수를 Check 한다. 신용점수가 낮으면, 고객의 돈을 가로챌 확률이 높다고 보고 그 이전에 직원을 내보내기 위함이다. 집을 빼앗기면 신용점수가 아주 나빠진다. 그 와중에 직장까지 잃게되면 정말 암담하지 않을 수 없다.

미국은 신용사회이다. 최고급 승용차나 최고급 집, 골프 등등 Luxury 한 Item 에 대한 접근이 그리 어렵지 않다. 왠만한 직장만 가지고 있으면, Credit 으로 백만장자 행세를 할수 있는 곳이다. 이 때문에 미국이 지금의 금융위기를 겪고 있기도 하다. 크레딧카드 Limit 10 만불을 받아내어 흥청망청 써버리고 배째버리는 경우도 많고, 집이 있는 사람은 Line of Credit 을 20 만불 뽑아내어 사치스런 생활을 하고 난후 집을 버리는 사람도 꽤 있다. 소비자보호법이라는 것이 있어서 은행이나 금융기관의 Collection 에 한계가 있는 점을 악용하는 것이다. 결과적으로 신용점수만 낮아졌을 뿐 쉽게 남의 돈 일 이십만불을 써버리고는 안 갚는 것이다.

한국에 있는 친구들이 가끔 물어본다. 미국 경기는 회복되고 있어? 수치상 회복되는 것처럼 보인다. 하지만 이민사회는 최악이다. GM 이 파산보호에 들어갔다. 세계 초우량 기업이 파산하면 이민사회의 Mom & Pop Small 비즈니스는 어떨까? Job 이 있는 것이 기적이라고 한다. 실제로 한인사회의 주 비즈니스 고객인 다운타운의 봉제공장과 의류회사의 경우 40% 정도 보험수입이 줄고 있다고 한다. 공장에 가보면 사람이 없다. 큰

Order 를 받으면 멕시칸 일용직으로 공장을 돌리는 시스템으로 전환하여 인건비를 대폭 줄이는 것이다. LA 타임즈에 의하면, 주택경기의 회복은 앞으로 8 년 이상이 걸릴 수 있다고도 한다. 내 어떤 친구 하나는 나에게 같이 한국의 헤드헌터에게 의뢰하여 한국에 취업하여 5 년만 있다가 오자고 권유하기도 했다.

남들 안 가는 MBA 찾아 가면 고생한다. – 다시 쓰는 WHY MBA

MBA 학교를 LA 에서 가까운 CSUN 으로 정했다. 그 이유는 첫째, 5 백만원대 수업료와, 둘째, 낮에 일할 수 있는 점과, 세째, 졸업후 취업의 용이성을 고려해서 였다. 하지만 이런 학교가 International Student 에 대한 경험이 없다는 점을 미쳐 생각 못했다. 생각해보라. 한국 고대대학원에 동남아시아에서 온 유일한 외국학생이 서툰 한국말을 하면서 경영학 석사과정을 듣고 있다면 어떻겠는가? 고생할 것이 뻔하다. MBA 는 랭킹이 높은 곳에 가서 유학생끼리 서로 도와가며 졸업한 후 "한국"의 대기업으로 Comeback 할 때 가장 빛난다. 생각해 보라. 미국의 대기업이 왜 "영어가 서툰" "타국적 학생"을 "스폰서"까지 해주면서 뽑겠는가? 물론 예외는 있다. 예를 들어, 말레이지아에 있는 Expatriate(파견 지사 관리자)이 풍토병으로 죽었는데 미국인 직원중 아무도 그 Position 을 원치 않는다. 이 경우 말레이지아 또는 동양계 MBA 출신이 그 자리에 적합하지 않겠는가?

　　내가 MBA 에 간다고 했을때 아무도 이런 이야기를 해 준 사람이 없었다. 두가지 부류가 있었는데 한쪽에서는 도전하라고 했고, 다른 한쪽에서는 도전하지 말고 편하게 살라고 했다. 위에서 처럼 미국 대기업이 타인종 출신 MBA 를 구지 뽑을 이유가 없음은 지극히 상식적이다. 이 상식을 배우기 위해 난 큰 댓가를 지불했다. 이런 것은 직접 당해보지 않고는 얻기 어려운 것이다. 그래서 나는 MBA 를 고민하는 사람들에게 이것을 말해주고 싶다.

　　다시 쓰는 WHY MBA 는 다음과 같다. 한국에서 대기업 수준에 근무하던 사람이 임원을 달기 위해 간판이 필요하여 TOP 랭킹의 MBA 를 마치고 한국으로 돌아와 같은 회사 또는 다른 대기업 수준의 회사로 재취업을 하는 것이다. 이 중에 모험심이 강하여 말레이지아와 같은 곳에 관리자로 취업하여 풍토병과 싸우는 것도 마다하지 않는 사람도 있을 수 있고, 아버지의 사업을 물려받을 것이 명백한 경제적으로 여유있는 사람이 MBA 를 할 수도 있다. 재미있는 사실은 한국내 유명 MBA

준비학원 강사들 중 많은 사람들이 TOP 랭킹 MBA 출신이라는 것이다.

난 내가 MBA 갈 조건이 된다고 생각했다. 그 당시 스스로에게 "다른 사람들은 하고 싶어도 조건이 안되서 못한다. 그런 사람들을 생각하면, 조건이 되는데 안하는 것은 죄악이다"라고 세뇌했던 기억이 난다. 조건이 되면 남들이 가는 MBA 를 가자. 나처럼 WHY MBA 를 다시 쓰는 일은 없어야 한다.

Eye-Witness Report 3: 영주권 받는 설움은 책 한권을 쓴다는 선배의 이야기

5 년만에 영주권을 받은 또 다른 선배의 이야기다. 이 곳에서는 서너번의 Job 이동은 기본이다. 이 선배님의 경우도 여러번 Job 을 옮긴 끝에 가장 믿음직한 스폰서를 구해 영주권 프로세싱을 들어갔다. 들어 간지 5 년만에 받을 때까지 선배님이 겪은 수모는 책 한권으로 쓸 수 있을 정도란다. 그 동안 한국행 짐을 두 번이나 쌓았다가 풀었단다.

이처럼 신분문제를 빌미로 종업원을 마음대로 부리는 고용주도 있고, 그러한 종업원과 고용주를 연결해 주는 브로커도 있다. 들리는 소문에 의하면 영주권 스폰서 비용(스폰서만 서주고 실제로 일은 하지 않는다)은 3 만에서 5 만불 정도 된다고 한다. 하지만, 이런 브로커를 통하는 것은 매우 위험하다. 사기를 당할 수도 있고, 영주권이 나오기전 어떤 상황이 벌어질 지는 아무도 모르기 때문이다.

그래서 요즘 유행하는 것이 투자이민이다. 경제특구에 50 만에서 백만불을 투자하면 1 년 이내에 조건부 영주권을 받는 것인데, 이 경우 투자금액의

보존이 Guarantee 되지 않는 단점이 있다. 다시 말하면 투자금액을 모두 날릴 경우 백만불짜리 영주권이 될 수도 있다는 이야기다.

영주권이 나오는 기간에 대한 여러가지 말이 많다. 보통 석사 소지자의 경우 "전공이 일치할 경우" 프로세스 시작한 지 1 년 정도면 받을 수 있다. 학사의 경우 추세가 중요하다. 이민국에 적재된 서류의 양에 따라 기간이 차이가 있다. 요즘 주변에서 영주권을 받고 있는 사람들을 보면 대개 5 년 정도 걸리지만, 사람마다 다르고 Case 마다 다를 수 있어서 10 년 걸리는 사람도 있다.

부동산을 하는 어떤 선배로부터 들은 말이다. 어느 정도 기간이 걸리는지를 물어보면, 한국인은 Best Case 에 대한 답을 하고 미국인은 Worst Case 에 대한 답을 한다고 한다. 위에서 학사의 경우를 예로 들면, 한국인 변호사는 "그럼 5 년이면 나옵니다."라고 말할 수 있고, 미국인 변호사는 "10 년 걸릴 수 있습니다." 라고 답변할 수 있다. 실제로 한국에서 온 지 얼마 안된 선배가 나에게 기간을 짧게 말한 변호사를 선택하는 것이 어떻냐고 묻기에 다음과 같이 답했다. "형님,

신분문제는 형님 가족의 인생이 걸린 문제입니다. 기간은 형님의 Luck 입니다. 수임료 8 천불이나 만 2 천불이나 중요하지 않습니다. 변호사의 능력을 철저히 검증하신 후 일을 맡기세요."

나에게 꿈을 가지게 해 준 UCLA를 다시 만나다.

난 생각하면 실천한다. WHY MBA 가 잘못됐음을 깨닫게 되자 다음 나의 선택은 UCLA 로의 Transfer 였다. 나는 94 년에서 95 년도 1 년동안 UCLA 에서 어학연수를 했다. 예전에 고대에 학력고사를 보러 들어갈 때, 고대에서 공부를 하고 싶다는 생각을 했었다. 재수를 해서 결국 고대에 들어갔다. 마찬가지로 어학연수 때 UCLA 에서 공부를 하고 싶다는 생각을 했었기에 다시 찾아 온 것이다. 정말 재미있지 않은가? "나는 XX 가 하고 싶다." 또는 "나는 XX 를 할 것이다"라고 하면 정말 그대로 된다.

이 곳에서 USC MBA 를 하고 있던 선배와 Accounting 과목을 같이 들었다. USC 는 돈 많은 학생들이 많기로 소문난 곳이다. 그 유명한 페리스 힐튼도 USC 를 다녔다 한다. 선배와 숙제를 마쳐보기 위해 USC 에서 만나 도서관을 향해 걸었다. 여름이었는데 예쁜 백인 여학생들이 켐퍼스 잔디밭에 비키니 차림으로 누워서 Tanning 을 하고 있었다. 미국에서 대학을 다니는 것의 재미중의 하나이다. 나중에 선배를 한국에서 4 년만에 만났는데, 한국의 대기업에 취업하여 1 년간 죽을 고생을 했다 한다.
굴러온 돌이 박힌 돌 빼낸다고 MBA 에 대한 시선이
곱지만은 않았던 것 같다.

UCLA 에서는 Business Award 라는 과정을
마쳤다. 주로 비전공자 직장인들을 위하여 대학수준
이상의 경영학 과목을 까페테리아 식으로 선택하여
들을수 있는 과정이다. 역시 유학생 신분을
유지하려면 Fulltime 으로 등록을 해야 하고,
학점관리를 잘해야 한다. 교수님과 유대관계가 좋으면
과정중 Internship 이란 과목을 선택하여 추천을 받아
실제 미국회사에서 일을 하다가 잘되는 경우 취업으로
연결될 수도 있다. 재미있는 것은 이 과정의 학비는
1 년에 4 천불 정도면 되고, 마친후 OPT(Optional
Practical Training)로 1 년 간의 Work Permit 을 받을 수
있다. 이 OPT 기간이 정말 중요하다. 바로 이 1 년 안에
믿을 만한 H1b 또는 영주권 스폰서를 찾아 내야만 한다.
시간이 제한되어 있으므로, 2-3 개월 일해 보고 아니면
냉정하게 다른 회사를 찾아 야 한다. 1 년 안에 찾기가
그리 쉽지는 않기 때문이다. 스폰서 고용주과
종업원의 관계는 어찌보면 고양이와 생쥐의 관계이다.

처음에는 회사를 그만두는 것이 미안하기도 하고, 내가 인내심이 없어 보이기도 했지만, 차츰 익숙해 졌다. 일단 고용주의 인성이 좋지 않다는 판단이 서면 시간을 더이상 끌 필요가 없다. 내가 살아야 남도 살려줄 수 있다. "그동안 즐거웠습니다. 안녕히 계세요."라고 인사하고 나오면 된다. 나를 Respect 하지 않는 사람을 Respect 할 필요는 없다.

Eye-Witness Report 4: 30 대에 오는 건 자살행위다.

이 곳에서 유학생으로 대학을 나온 친구들에게 들은 말이다. 대학만 나와도 우리처럼 직장생활까지 하다 온 늦깍이보다는 훨씬 유리하다. 이구동성처럼 말한다. 30 대에 미국에 오는 것은 자살행위다. 40 대면 생각을 아예말자. 참고로 난 한국 나이 33 세에 왔다.

30 대에 오면 보통 한국에서 학교도 마치고, 직장생활도 어느 정도 하다 온 사람이다. 나의 경우 Supervisor 가 나보다 10 살이 아래였다. 거기에다가 나는 대기업에서 힘있는 기획팀의 대리였고, 회사 내의 온갖 중요한 정보를 다루는 것은 물론, 여러가지 뽀다구나는 일들을 직접 처리했었다. 그러던 내가 여기서는 Fax 보내기, Copy 하기, 메일 우표 붙이기 등등을 다시 배우기 시작했다.(미국은 인프라가 한국에 비해 아주 떨어진다. 인터넷도 늦고, 이런 허드렛 일을 촉탁사원이 대신해 주지 않는다.) 자신보다 나이 어린 사람으로부터 업무지시를 받고, 단순작업에 만족하는 사람이라면 얘기가 다르겠지만, 왠만한 커리어가 있는 사람에게 이런 일들은 견디기 힘들 것이다.

무엇보다도 이 곳에서 신분이나 영어가 안되는 사람은 Job 을 구하기가 매우 어렵다. 이런 사람들을 뽑는 한인 비즈니스 중에 물론 제대로 된 회사도 있지만, 그렇지 않은 회사의 경우, 첫째, 그런 약점을 이용하여 적은 보수로 부려먹으려는 경우이거나, 아니면 이곳에서 고등학교를 나온 정도로 심부름을 맘대로 시킬 수 있는 젊은 여자를 뽑으려 하는 경우가 대부분이다.

주변에 30 대에 와서 미국 대기업을 뚫은 사람은 만나지 못했다. 고대교우들의 예를 들어 보면, MBA 를 마치고 한국계 은행이나 보험회사에서 일하고 있는 경우나 신문사의 기자로 일하는 경우 등이 있고, 부동산 중개인이나, 변호사, CPA, 의사 등이 있다. 그 밖에는 다운타운의 의류회사나 무역회사 등에 일하는 선후배들이 있다.

한인타운의 경우 취업을 하기 위해 나이도 어느 정도 중요하다. 한국인 정서상 메니저가 자신보다 나이 많은 사람을 뽑고자 하지 않기 때문이다. 또한 경제침체로 Job 을 구하는 사람이 정말 많아졌다. Wife 얘기로는 구인광고를 올리면 하루에 Resume 가 50 장

정도가 온다고 한다. 그중에 어떤 사람을 뽑겠는가? 30 대 중반부터는 사무직 취업은 거의 힘들다고 보는 것이 정석이다. 따라서 30 대 중반이 넘은 사람은 CPA 나 Broker, 보험전문인 등이 그래도 노력한만큼 결과를 볼 수 있는 Job 이라고 생각한다.

미나야 2월 24일만 빼고 다 괜찮아.

하필 중간고사를 보는 날이었다. 2월 24일만 빼고 다 된다고 누누이 말해왔건만, 역시 그 날 Wife가 병원에 가자고 했다. 처음 출산을 경험하는 것이라 긴장이 되었다. 고통스러워 하는 Wife가 척추 무통분만주사를 하겠다고 했다. 바늘이 무지 컸다. 힘주는 아내가 고통스러워 하는 가운데, 간호사의 리드는 정말 능숙했다. 딸 아이가 무사히 잘 나왔다. 아내에게 고맙고, 하느님께 감사했다.

병원에서는 하루만에 퇴원을 시켰다. 집에 어머니가 오셔서 산후조리를 도와주셨다. 이 곳 병원 시스템은 익숙하지 않았다. 임산부가 바로 대형 Hopital에 가는 것이 아니라, 처음 동네의 조그만 Doctor's Office로 가면 예정일에 담당의사가 큰 병원을 렌트하여 그 시설을 이용해 출산을 하는 것이다. 따라서, 병원 비용도 여러 곳에서 청구가 된다.

의료 수가는 한국의 5배에서 10배 정도를 생각하면 비슷할 것 같다. 참고로 UCLA 대학병원에서 건강검진을 받으면 4천불이상이 든다고 한다. 반면 이번에 전북대 대학병원에서 받은 종합검진 비용은 수면 내시경 포함하여 5 십만원 정도 되었던 것 같다. 건강보험의 경우 한국의 국민건강보험 이나 직장 의료보험과 비교할 수가 없을 정도다. 보험료는 무지 비싼 반면 Cover 되는 부분은 이것 저것 제외사항이 많아 이 곳 보험에 익숙하지 않은 사람들은 사기 당한 느낌이 들 것이다.

자동차 보험부터 생명보험에 이르기까지 한국의 보험과 비교하면 턱없이 비싼 반면 보상범위는 턱없이 제한적이다. 예를 들어 같은 AIG 생명보험이라도 한국에서 판매되는 보험은 이곳에서 판매되는 보험과 완전히 다르다. 외국계 회사라도 한국이라는 특수한 상황에서 경쟁하기 위해서는(예를 들면 삼성생명), 거기에 맞는 상품을 개발하기 때문이다. 다른 예로, 내가 한국에서 온 지 얼마 안되는 사람에게 자동차 보험을 설명할 때 자주 쓰는 말이다. "California 에서는 자신이 잘못해서 혼자 벽을 받아 크게 다친 치료비용이 십만불정도 나왔을 경우 Medical Pay 만(보통 천불 정도를 선택한다.) 지급을 받게 됩니다.

30 대에 미국에 오는 건 자살행위다.

Eye-Witness Report 5: E2 가 쉽다고요?

국내 내노라할 대기업에서 25 년을 근무하며 그 중 대부분을 일본 등에서 근무한 엘리트 선배의 이야기다. 관광비자로 들어와서 두달만에 E2 를 받아내고 버젓한 까페사장님이 되었다. 좋은 학군에 예쁜 집을 얻어 아이 둘은 좋은 학교로 보내고 있었다. 주변에서 역시 똑똑한 사람이라 다르다면 칭찬이 자자했다.

그런데 이게 왠일, 까페 옆에 백화점 대형 식당이 오픈하고, 미국 경기가 나빠지면서 손님이 반으로 주는 것이 아닌가? 또한 손님들은 사먹던 커피를 이제는 직접 타먹는다고 한다. 운영할수록 산더미 같은 적자로 가게 월세를 밀리자 급기야 건물주측의 변호사로부터 법원에 소환하라는 명령까지 받았다.

형수님은 "이게 아메리칸 드림이야"하면서 밤마다 집안은 전쟁터가 되었단다. 이렇게 부부사이도 금이가고 마침내 가게를 버리게 될 상황까지 이르렀다. 선배님은 새벽부터 낮에는 까페를 지키고 밤에는 마켓에서 케셔를 보며 자정이 되어서야 하루가 끝이 난다. 이렇게라도 해야 집 페이먼트라도 낼 수 있으니 말이다.

가게를 버릴 수도 없다. 버리는 순간 E2 가 취소되어 불법체류 신분이 된다. 한 번 불법체류 신분이 되면, 자녀의 교육 문제가 생긴다. 불법 신분의 학생은 미국에서 College Level 의 학교에 입학이 되지 않으므로 한국으로 대학을 가야 한다. 한국의 교육은 미국과 비교해 3-4 년 정도 앞서 간다는 것을 감안하면, 이 곳에서 2-3 년 이상 학교를 다닌 학생의 경우 이미 한국 진도를 놓쳐서 한국으로 돌아가 재기할 수 없다. 결국 자녀 교육을 위해 도미를 해서 불법신분이 되버리면, 자녀교육마저 망치는 셈이 된다.

내가 본 신분중에 E2 가 가장 취득이 쉽지만 가장 유지하기가 어렵다. 한국에서 E2 를 받으면 보통 25 만불 정도의 자금의 흐름을 보여줘야 한다지만, 미국내에서 받으면 이런 저런 편법을 통원하여 5-7 만불 정도의 자금만으로 E2 를 받아 낸다. 하지만, E2 를 유지하려면 위 선배의 예에서처럼 비즈니스의 적자 감수는 물론, 세금보고상 흑자를 보여주기 위해

벌지도 않은 돈에 대한 세금까지 내는 이중고를 겪는
사례가 비일비재하다.

또한 미국에서 받은 E2 로는 한국방문을 할
수가 없으므로, 상을 당해도 울면서 가지 못하는
장남도 보았다. 마지막으로 E2 는 비이민 비자이므로,
E2 신분으로는 영주권을 들어갈 수 없다. 변호사들은
E2 의 배우자는 Work Permit 이 나오기 때문에,
배우자가 취업을 통해 영주권을 받으면 된다고 하는데,
생각해보라. 위의 선배의 예를 보면 배우자가 정신적,
시간적으로 취업을 도전할 여유가 있어 보이는가?
그리고 앞서 30 대 중반을 넘으면 취업이 거의
불가능한 이유를 설명했다.

일로 승부를 걸래, 공부로 승부를 걸래?

UCLA 의 치대 교수로 있던 선배님이 하신 말씀이다. You Can't Have It in Both Ways. (두 가지를 다 취할 수 없다.) 일로 승부를 걸거나 공부로 승부를 걸어라.

돈이 많으면 공부로 승부를 걸다가 안되면 일로 전환할 수도 있다. 잘 아는 사람이 처음 내가 고생할 때 "그 돈가지고 미국 오는 사람이 어딨냐?"며 역정을 낸 적이 있다. 난 3 천만원 가지고 왔다. 내 계산은 "학비 500 만원에 4 학기면 2 천만원이고, 나머지 천만원은 출산 등의 경비, 그리고 생활비는 아르바이트로 번다"라는 아주 Simple 한 계산을 하고 있었다. 실제 USC 에서 MBA 를 하는 경우 사람에 따라 다르지만 보통 2 년 동안 2 억에서 2 억 5 천만원 정도를 쓰고 간다. 그렇다면 나는 용감해서 무식하게 살았을까? 아니면 무식해서 용감했을까?

난 일로 승부를 걸었다. 일찌감치 가져온 돈 모두를 써버리고, 아이도 있으니 돈이 필요했다. 이곳은 미국이라 눈치볼 필요도 없고 평소에 하고 싶던 일 중 무슨 일이든 골라서 할 수 있지 않은가?

나는 밑바닥에서부터 다지기 시작했다. 그 결과 6 년이 지난 지금, 난 미국에서 사는 법을 남보다 빨리 알게 되었다.(일류대에 대기업에 MBA 로의 엘리트 코스를 밟은 사람들은 대부분 밑바닥부터 시작하려 하지 않는다.)

USC MBA 과정에 있던 선배의 추천으로 보험 마케팅 회사에 입사했다. 입사할 때 계산해보니 은행에 3 개월 정도 버틸 수 있는 정도의 돈이 남아 있었으므로 이 회사에 딱 3 개월만 투자하기로 했다. 1 개월 반만에 시험 3 개를 패스하고 필요한 보험 License 를 모두 취득했다. 나머지 기간은 회사의 시스템을 연구했다. 과연 이곳이 일을 할만한 가치가 있는 회사인지를 알기 위해서 였다. 내 OPT 기간은 10 월에 시작했고 3 개월 후면 1 월이므로 스폰서 회사를 찾을 수 있는 시간 또한 충분하지 않다고 판단이 섰다. 회사를 선택할 때 중요한 것은 사장의 인성이다. 또한 이곳 마케팅 회사의 특성상 기본급이 없다는 점은 가족을 부양해야 하는 나에게 큰 단점으로 보였다. 빠른 결론이 필요했고 나는 과감하게 회사를 버렸다. 그래도 3 개월 투자로 일생을 함께할 후배를 사귀게 되었고 보험 전문인으로서의 자격을 갖춘 것으로 만족했다. 바로 나는 신문사의 광고영업직에 지원을 했다. 기본급도 있고 광고와 영업 모두가 매력적으로 들려서 였다. 인생은 정말 살아보지 않으면 모르고, 직업도 그 위치에 가보지 않으면 알 수 없는 것 같다.

My Case 2: 어느 선배의 조언

지금까지 살면서 가장 후회되는 일이 남 밑에서 월급받은 15 년이라고 했다. 나는 6 년 반 동안 대기업에서 팀장과 임원의 리포트를 대리해주는 장표맨이었고 가방모찌였다. 20 년을 일하던 30 년을 일하던 다니던 회사를 떠나면 처음부터 맨땅에 헤딩을 하게 된다. 있던 회사에 모든 것을 두고 나오게 된다. 다시말해 그만둔후 "내것은 없다".

아버지는 30 년 충성한 신문사에서 결국 사장을 하지 못하셨다. 그리고 내게 말씀하셨다. "일본 사람은 자기 회사를 최고의 직원에게 물려주지만, 한국사람은 가족에게 물려준다." 나는 내 것을 만들기 위해 이곳에 왔다. 그것은 MBA 도 가르쳐 주지 못했고, 결국 밑바닥에서 배웠다.

이곳에는 사장이 참 많다. 회사를 차리는 것이 어렵지 않고, 취업이 안되서 회사를 차리는 사람이 많기 때문이다. 어떤 사람은 명함을 5 개까지 가지고 있는 사람도 있다. 특히 마케팅이나 Sales Job 의 경우 어떤 한 손님을 알게되면 여러가지를 권할 수 있으므로, 여러가지를 동시에 시도하는 사람이 많다. 생명보험을 취급하는 경영학과 선배는 다음과 같이 말했다. "우리처럼 경영학 전공자는 특별한 기술이 없으니, 기술이 있는 사람과 그것을 필요로 하는 사람을 연결시켜 주면서 떨어지는 콩고물을 건져 먹으면 된다. 그중 어떤 것이 성공으로 연결이 될지 아무도 모르기 때문에 여기 저기 다리를 걸쳐두고 있다가 기회가 오면 All-In 하면 된다."

이 곳에는 "내것"을 만들 수 있는 기회가 많다. 예를 들면, 보험전문인이나 부동산 중개인의 경우 월급이 없고 수당제로 일한다. 보통 일을 시작해서 6 개월 이상 수입없이 지나가는 경우가 허다하다. 그 이상을 버티면 성공확률이 높아진다. 그렇게 2 년이 지나면 어느 정도 안정된 여유도 누리게 된다. 나와 친한 어떤 보험전문인의 경우 자동차 보험만으로 4 년여 만에 연봉 2 십만불이 넘은 사람도 있다. 모 부동산회사 사장이 나를 스카웃하려고 다음과 같이 말했다. "기회를 줘도 안오네. 여기서 십만불 못 벌거면 시작을 말고, 2 십만불은 기본이도 잘버는 사람은 4 십만불 이상도 벌어."

전문직 종사자들에게 "내것"은 바로 손님이다. 보험을 예로 들면, 갱신 보험료에 대한 수당을 깔고 들어가기 때문에 오래할 수록 수입이 안정되며 늘어나는 것이다. 금년의 내 손님의 80%는 내년에도 갱신을 하고, 내년에 신규로 맞은 손님에 대한 수당은 거기에 더해지는 것이다. 이런 식으로 십년이 간다면 어떻게 될까? 바로 이 수당 시스템 때문에 보험회사와 "Independent Contractor"로 관계가 형성되므로, Account 에 대한 소유권이 회사가 아닌 전문보험인에게 있게 되는 것이다. 다만 자신의 License 아래 Account 가 등록되도록 챙기는 것이 중요하다. 많은 전문인들이 이 점을 간과하다가 뒤늦게 후회하는 것을 보았다.

떼돈을 벌 수 있다기에 발을 들인 Insurance, 내가 일을 안해도 돈을 버는 시스템이라고?

세상에 내가 일 안하고 돈 버는 시스템이란 없다. 뭐든지 쉽게 살려고 하면서부터 재앙은 시작된다. 유유상종이다. 아직 나는 성공을 하지 못했으므로 주변에 크게 성공한 사람이 없다. 내 주변 사람들은 내가 찾아가서 맛있는것 사주면 좋아한다. 이런게 보통사람이다. 성공할 확률이 높은 사람은 찾아가서 사주는 사람이다. 찾아 올때까지 기다리는 사람은 성공할 확률이 낮다. 마찬가지로 일을 해야 돈을 번다. 일을 안해도 돈을 버는 시스템은 사기다.

일을 안해도 돈을 버는 시스템은 다단계 보험회사였다. 복잡하게 합리화를 시켰지만 내가 GMAT 에서 터득한 비판적 사고로 보면 간단하게 다음과 같았다. 새 에이젼트는 자기 가족이나 친척 또는 가까운 친구들과 만날 약속을 하고 메니저와 함께 방문한다. 그 곳에서 메니저가 Sales Presentation 을 하는 것을 지켜보면서 트레이닝이 된다는 것이다. 하지만 라이센스가 없으면 수당을 받을 수 없는 규제를 적용하여 수당은 메니저가

독차지 한다. 이런 트레이닝을 적어도 세번 이상 받아야 한다고 했다.

혹자는 미국에서 한국사람만 조심하면 된다고 역설하는 사람도 있다. 하지만 내가 보기에 어느 사회나 어느 민족이나 사기꾼은 있다. 그런 사기꾼의 희생물이 되지 않기 위해 비판적 사고와 언어능력은 필수이다. 특히 이 곳 한인사회에는 인건비가 비싸므로 신분이나 언어장벽을 이용해 댓가없이 부려먹으려는 부도덕한 사람이 "아주" 많다. 반복하지만, 그런 사람들을 피할 수 있는 방법은 충분한 영어훈련과 비판적 사고밖에 없다.

이 곳에서 만날 수 있는 또 다른 허상 중의 하나는 미래의 큰 보상을 위해 지금 "댓가없는 기회"를 주는 고용주들이다. 이런 유형의 사람들은 곧 큰 투자를 유치하거나 오더를 수주하게 될 것이라며 그러게 되면 월급에 관리자 직을 주겠다고 유혹한다. 그리고는 자신의 사무실에 와서 볼일 보면서 좀 도와 달라는 것으로 시작한다. 제안서 작성에서부터 시작하여, 커피 대접, 컴퓨터 셋업 등은 물론 심지어 드라이클리닝 심부름까지 하게된다. 6 개월후 투자나

오더는 계속 진행중이지만, 심부름은 습관이 되어 자칫 실수라도 하면 내가 잘못해서 일이 안되는 것이 된다. 댓가없는 일은 절대 시작하지 말자.

My Case 3: 죽을 각오로 임해라.

아버지는 얼마전 칠순을 치르셨다. 우리가 남의 나라에서 고생하고 있지만 경제적으로 도울 수 없어 아쉽다고 하시면서 죽을 각오로 임하라고 하셨다. 나는 죽을 각오라는 것이 어떤 것인지 모르지만 그동안 열심히 살았다. 아직 죽을 각오를 모르는 것을 보면 아직 내 한계에 도달하지 않은 것 같기도 하다. 요즘 미군에 지원하고 싶은 생각이 든다. Strong 에는 두가지가 있다고 한다. 그냥 Strong 과 Army Strong 이 있단다. Army Strong 이 되면 어떤 Demand 로부터도 자유로와 지지 않을까? 공격이 최선의 방어라 하지 않은가? Demand 를 훨씬 초월하여 보여주면 다시는 누구도 내게 Demand 를 못하게 되지 않을까?

대기업 시절 내가 좋아하는 늦깍이 고참 대리가 한 명 있었다. 일본서 공부를 한 엘리트 회사원이었다. 그 선배와 같이 술자리를 하면 자주 다음과 같은 말을 했다. "나이를 먹을 수록 세상이 어무 무섭다. 자살은 애들때문에 못하겠고, 어느날 갑자기 교통사고로 죽었으면 좋겠다." 난 예전이나 지금이나 그 말에 동감할 수가 없다. 잠깐 세상이 무서운 생각이 들었던 적이 있는데 곧 나의 용기가 더 자라났다.

인생은 여정이다. 우리는 죽으려고 여행을 가지 않는다. 나는 언제나 재미와 휴식을 찾아 여행을 간다. 다만 여행중에 행여 연로하신 부모님께 무슨 일이 생기지 않기를 바랄 뿐이다. 어머니는 독실한 천주교 신자이시다. 내가 한국에서 건강검진후 위산역류 진단을 받고 3 개월 약을 받은 것을 아시고는 스트레스 때문이라며 다음과 같이 말씀하셨다. "뭐든지 뜻대로 되지 않는다고 스트레스 받지 말아라. 모든 것을 하느님께 맡기면 마음이 편해진다."

그밖에 어머니 어록중 "말이 씨가 된다"도 내가 좋아하는 말중의 하나이다. 내가 "책을 쓰겠다"고 말하면 진짜 내가 쓴 책이 나온다. 내가 "세상이 무섭다"고 말하면 정말로 세상은 무서워 진다. 내가 "죽을 각오로 임하겠다"고 하면 진짜 죽을 만큼 고생하게 될 것이다. 반면, 내가 "성공을 즐긴다"고 하면 즐겁게 살다보니 어느새 성공해 있는 나를 발견하리라 믿는다.

중고등학교 시절 어머니는 성당생활을 너무 열심히 하셨다. 사춘기의 내게 그런 어머니의 종교가 나보다 중요해 보였다. 그런 종교에 대한 반감이 생겼다. 부모들은 자식에게 믿음을 가르쳐 줄때 "주일미사는 반드시 가야 한다"보다 재미있게 쓴 성경책이나 말씀을 잘하시는 목회자의 설교 CD 를 구해 주는 것이 낫다고 생각한다. 초등학교부터 줄곧 주일미사를 참석했지만, 인상적인 설교를 들은 기억이 없다. 일요일 오전 TV 를 보면 미국 목사님들 정말 말을 잘한다.

잠시 재미로 신문사 광고영업을 하며 아버지를 이해하는데 도움이 되었다.

신문사 광고영업으로 잠시 외도를 했다. 역시 한국에서 할 수 없는 일이었고 재미있을 것 같은 일이었다. 좋은 경험이었다. 30 여년 언론인 생활을 하신 아버지에 대한 이해도도 높아졌다. 마감 임박한 일주일은 아침저녁으로 수금실적에 대한 Push 를 받았다. 스트레스가 많았지만 사람들 모두 인간적이었고, 사람사는 사회 같았다. 국장님이 나를 어떤 광고주에게 "인생을 배우려고 여기서 일하는 사람"이라고 소개했다. 그 말은 맞는 말이었다.

대기업 시절 IT 기술영업팀에서 근무할 때 상대하는 사람은 주로 계열사의 IT 관련 부서의 역시 대기업 회사원들이었다. 기획팀 시절 상대하는 사람은 사업부내의 팀장과 팀원 들이었다. 모두 공부열심히 해서 대기업에 들어온 인재들이어서 나 못지 않게 정확한 사람들이었다. 신문사 광고영업팀에 들어오니 정말 다양한 종류의 사람들로 구성이 되어 있었다. 대학 휴학생, 사진 전공자로서 한국에서 벤쳐를 운영하다 실패해서 온 사람, 항공대 출신으로 도미하여 여행사 가이드 출신, 주먹쓰던 사람(믿거나 말거나) 등등... 그리고 우리가 만나는 고객들은 더욱 다양했다. 식당 사장, 대학 학장, 의사, 변호사, 회계사, 부동산 중개인, 은행, 화장품 샵, 핸드폰 샵, 미장원, 태권도장 등 각양각색의 직업을 상대하였다. 그 중에는 나처럼 교육을 많이 받은 사람도 있고, 교육과 거리가 아주 먼 사람도 많았다.

나와 다른 사람을 만나면 도무지 대화가 힘들었다. 좀처럼 그들이 내게 보내는 Sign을 해석할 수가 없었다. Sale이 일어나기 위해서는 서로 공감할 수 있는 부분이 많아야 되는데 도무지 맞춰보려고 해도 되지 않는다. 내가 좋아하는 선배형 중에 US ARMY에 근무하는 형이 다음과 같이 말한 적이 있다. "난 남녀노소, 상류층에서 하류층까지 다 커버할 수 있다." 대단한 사람이다. 얼마전 한국에서 만났는데 그 형이 룸사롱을 하는 깡패친구가 있다며 그 친구랑 술먹고 놀자고 해서 두려운 마음이 들어 거절했다.

사람의 마음을 사로잡는 것은 파워다. 요즘 한국 드라마 "선덕여왕"에서 "사람을 얻는 사람은 천하를 얻는다"고 하지 않았나? 매스컴이나 훌륭한 정치가는 모두 사람을 얻는 특별한 기술을 가지고 있다. 짧은 신문사 외도를 통해 아버지를 이해하는데 도움이 되었고, 나 자신도 나와 다른 사람에게 한 발 더 다가갈 수 있는 좋은 경험이 되었다.

영어와 문화가 서툰 이민자도 힘을 기를 수 있다. - Insurance를 제대로 한 번 배워 보자.

한국에 있는 친구들은 한국에서의 파워는 "돈"이라고 했다. 내가 고등학교때 아버지는 다음과 같이 말씀하셨다. 남자의 파워는 "돈"과 "권력"이 있는데, 후자가 있으면 전자는 절로 따라오는 것이라고 했다. 따라서, "권력"을 추구하라고 하셨다. 요즘 아버지는 포지션을 바꾸셨다.

내가 보는 미국에서의 이민자에게 있어서의 파워는 "영어능력"이다. 한국에서 아파트 한 채 가지고 있는 사람은 일 이십억 정도의 자산가이다. 하지만 이것은 어디까지나 "한국의 돈"이고, 한국에서 아파트 한 채 가지고 있는 것은 그리 자랑할 만한 정도의 재산은 아니라고 알고 있다. 내가 "한국의 돈"이라고 하는 이유는 그 일 이십억의 자산가가 영어 능력없이 미국으로 건너오면, 당장 사기꾼의 타겟이 될 수 있다. 빠르면 6개월에도 탕진할 수 있는 금액이다. 따라서 "한국의 돈"은 이곳에서 파워가 될 수 없다.

이민자가 아닌 Native 를 상대할 때는 영어능력보다는 지식이 파워가 된다. 그래서 나는 닥치는 대로 Insurnace 관련 서적을 읽었다. 재미있는 사실은 한국말을 잘하면 2 세들을 압도할 수 있고, 백인은 지식으로 힘을 발휘할 수 있다. 1 세는 상대적인 영어능력으로 힘을 발휘할 수 있다. 재미있지 않은가?

나는 처음에 생명보험을 위한 자격증으로 Life & Health License 와 변액종신보험을 팔 수 있는 자격인 Series 6 (증권 관련 시험)와 Series 63(증권법 관련 시험)를 취득했다. 그 후에 해상화재보험을 위한 Property & Casualty License 를 취득하고, UCLA 에서 CFP 과정을 일부 이수했다. 그밖에도 각종 보험회사의 상품 메뉴얼과 보험 관련 서적을 여러권 정독하여 최소한 어떤 전문인에게도 지식으로는 지지않을 정도로 연습했고, Sales 를 위한 나만의 스타일도 개발했다.

CFP 과정에 의하면 개인자산관리는 크게 재무분석, 세금, 투자, 보험/종업원 혜택, 은퇴계획, 상속계획의 6 가지로 나누어 진다. 이 중에서 나의 자격증과 수강과목으로 커버할 수 있는 분야는 재무분석, 세금, 투자, 보험의 네가지이다. 앞으로

AIG 에서 일할 때는 보험을 통한 은퇴와 상속 Plan 에 촛점을 맞추어 궁극적으로는 개인의 Total 자산관리가 가능하도록 하려한다.

Eye-Witness Report 6: 내가 본 MBA 성공사례

같이 MBA 를 준비한 선배의 이야기다. 20 대 랭킹의 MBA 를 마치고 한국으로 돌아가 모 경제연구원에서 연구원으로 재직했다. 내게는 바람직한 MBA 성공사례 중의 하나였다.(다른 한 친구는 미국 MS 에 취직했다. 이 친구가 내 6 년 미국생활의 방대한 네트웍 중 유일하게 미국대기업에 취업한 친구이다.) 하지만, 2 년 만에 회사를 그만두고 보습학원을 차렸다. 그 이유는 똑똑한 놈들(일류대 석박사 출신들)이 너무 많아서 피곤해서 란다. 하하하. 이 선배는 뭐든 간단하게 설명하는데 일각연이 있는 사람이라 내가 좋아한다. MBA 에서 얻은 것을 한 문장으로 요약해 주었다. "There is no such thing as a free lunch." 점심 한끼를 얻어 먹어도 공짜는 없다. 이 한문장의 진리를 체득하기 위해 2 년 이상을 고생하고 2 억 이상을 지출했다.

잠시 확률을 생각해 보자. 대기업 수준에 근무하는 사람의 20% 정도가 MBA 관심을 가진다. 그중 50% 정도가 MBA 준비를 시작한다. 그중 10% 정도가 실제 Application 을 보낸다. 그 중 50% 정도가 합격통지를 받고 실제 가기까지 한다. 그 중 10% 정도가 마치고 미국에 남는다. 그중 10% 정도가 미국 대기업에 남는다. 대기업 수준에 다니는 사람이 총 구직자의 10% 정도라고 하면, 마지막 미국의 대기업에 취업하는 사람의 확률은 정말 복권당첨과 비길만 하지 않은가?

용어사전을 찾아보면 "MBA 란 일반적으로 미국에서 취득한 경영학 석사학위 또는 석사학위 취득자를 가리킨다. MBA 교육은 기업경영 전반에 걸친 이론학습과 사례연구를 통해 장래 기업조직에서 필요한 유능한 경영관리자를 양성하는데 주안점을 두고 있는데, 수업내용을 실전과 유사하게 구성해 업무를 사전에 체험토록 하고 있다." 위에서 "장래 기업조직에서 필요한 유능한 경영관리자를 양성하는데 주안점을 두고"가 중요하다. 다시말하면 "큰 조직"을 효율적으로 운영할 수 있는 유능한 "관리자"로 양성하는 것이 교육의 근본 목적이다. 따라서 MBA 를 마치고 한국의 대기업으로 돌아가는 것이 가장 좋은 시나리오라고 앞서 언급한 바 있다.

영어가 서툰 MBA 가 미국의 대기업에서 "효율적으로"
일할 수 있으리라고 기대되지 않는다.

인생의 중요한 결정을 할 때 이런 근본을
무시하는 사람들의 조언에 귀를 기울이지 말자. 항상
사고할 때 "상식"을 벗어나지 말자. MBA 학원에서는
Top MBA 에 합격한 사람들이 미국 또는 홍콩의 글로벌
기업의 관리자로 취업하여 억대연봉을 받고 있다고
자랑한다. 다단계 보험회사에서 아줌마들 모아놓고
지난 해 수입이 이십만불이라며 열심히 하라는 것과
무엇이 크게 다른가?

30 대에 미국에 오는 건 자살행위다.

Status, Status, Status – 비전공자로서 취업비자 받기

스폰서를 구하여 유능한 변호사를 만나 상담을 받았다. "전공이 불문과면 비전공자이므로 취업비자가 나오지 않습니다."라고 했다. 대부분의 사람은 이정도에서 포기하고 지나가지만 나는 그럴 수 없다. "제 대기업 경력이 6 년반이나 되는데요?" "경력 3 년은 대학 1 년 경험으로치므로, 2 년이 되네요. 2 년이 부족합니다. 또한, 경력으로 서류에 보여주면 이민국에서 아주 까다롭게 심사하므로 성공확률이 낮아집니다." 미국생활이 한국과 다른 것 중의 하나가 우길필요가 없다는 것이다. 위 문장에서 "성공확률이 낮아집니다"만으로도 나는 과감하게 Option List 에서 지워버렸다. 그렇다면 전공과 과목으로 받아내는 수밖에 없다.

우선 고려대에서 받은 성적표중 비즈니스 관련 과목의 학점을 Count 했다. 그리고 나서, UCLA 에서 받은 Business Award 성적표의 학점을 더하니 얼추 4 년제 대학 경영학 전공의 학점과 비슷해졌다. 남은 것은 이민국이 인정하는 Academic Evaluation 기관을 통해 내 이수과목 총계가 미국 4 년제 대학 경영학 전공자와 동등하거나 그 이상이라는 Evaluation 을 받아 내는 것이다. 첫번째 시도에서 실패했다. 실패는 성공의 어머니라고 했다. 결국 두번째 시도에서 복수전공(경영학과 불문학) Evaluation 을 받아 내어 이민국에 H1b 를 변호사를 통해 접수했다.

변호사를 반드시 통해야 하는가에 대한 토론이 여기 저기에 있다. 변호사는 내가 고용하는 것이다. 고용해서 지출하는 수임료만큼 부려먹으면 된다. 변호사를 고용해 보면 이민업무이외에도 많은 것을 배울 수 있다는 것이 내 경험이다. 몸이 아플때 의사에게 맡기면 되지 구태여 직접 치료할 필요가 있을까? 그래도 직접하고 싶으면 그냥 하면 되지, 왜 편하게 변호사 통해서 하겠다는 사람에게 바보라고 놀릴 필요가 있을까? 참 이상한 사람 많다.

내가 서류를 넣었을 때는 지원자가 많아서 추첨으로 H1b 를 주는 기현상이 발생했다. 경쟁률은 5 대 1 이었다. 한다고 마음 먹으면 천체가 내 편으로 줄을 서는 법이다. 안 나올 것이라던 케이스로 결국 H1b 를 받아 내었다.

취업비자의 허와 실 - 영주권을 최단기에 받아내자.

취업비자는 3 년 동안 지속되고 한 번의 갱신이 가능하다. 그렇게 6 년이 지나면 다시 1 년씩 갱신할 수 있다. 통계적으로 취업비자로 6 년 이상 가는 경우는 흔치 않으므로 그 이상은 생각하지 말자.

하지만 취업비자는 족쇄다. 스폰서 회사를 떠나는 순간 한국행 비행기를 타야 한다. 다시 말하면, H1b 는 스폰서이외의 회사로부터는 Job Offer 를 받을 수 없고, 어떠한 용역에 대한 댓가도 받을 수 없게 되어 있다. 고용주의 입장에서는 이보다 좋을 순 없다. High Quality 의 종업원을 낮은 보수로 부려먹을 수 있고, 해고하면 한국으로 돌아가야 하는 약점을 이용해 힘들거나 남들이 꺼리는 일을 시킬 수 있는 것이다.

따라서 그렇게 많은 이민자들이 영주권에 목숨을 거는 것이다. 이 점을 악용하는 고용주가 적지 않다. 영주권이 들어가면 경제적 Commitment 때문에 회사를 그만둘 수 없으므로 고용주들이 노골적으로 괴롭히는 경우도 있다. 피할 수 없는 고통이라면 무조건 고통의 기간을 최단기화 해야 한다.

최단기에 받는 방법은 석사 소지자로서 전공분야의 든든한 스폰서를 찾아 들어가면 1년만에 나온다. 여기서 가장 중요한 것은 믿을만한 스폰서를 찾는 것이다. 그 다음 중요한 것은 Tax 문제이다.

영주권 프로세싱은 다음과 같이 진행된다. 첫째, 기본적으로 스폰서는 지원자의 Average 임금을 지급한 후 Net Income 이 남아야 한다. 예를 들면, 영양학 석사의 Average 임금 통계가 4 만불로 나온다면, 스폰서 회사는 현재 순익을 4 만 5 천불 이상으로 보여주면 된다. 따라서, 스폰서 회사는 임금을 지급한 후에도 5 천불 이상의 영업이익이 남으므로 계속 영업활동을 할 것이 상식적으로 기대되는 것이다. 한인 비즈니스의 경우 세금을 내지 않으려고 보통 순익이 남지 않게 세금보고를 하는 경우가 다반사이다. 그렇기 때문에 스폰서를 구하기가 어려운 것이다. 편법으로 회사의 세금을 대리납부해 주는 경우도 있다. 회사의 세금 %가 약 40%임을 감안하면 위의 예에서 4 만 5 천불을 보여주기 위해 약 만 8 천불을 대리납부하게 된다. 이 경우 석사이면 1 년만 대리납부해도 되겠지만, 학사이면 지금 추세로 보통 5 년 이상 걸리므로 5 년간 이 정도의 금액을 대리납부하게 되므로 비용이 만만치가 않다.

둘째, 평균임금이 4 만 5 천불로 나왔는데 만일 회사에서 3 만불만 주고 싶어 한다면 문제는 더욱 복잡해 진다. 회사는 4 만 5 천불에 대한 Check 를 일단 종업원에게 지급하고, 차액인 1 만 5 천불에 회사가 추가로 낸 고용세, 사회보장세, 실업세 등을 더하여 종업원으로부터 환불을 받게 된다. 실례로 한인타운의 모 이름난 회사에서는 영주권을 스폰서 해주고 이런 저런 것을 다 차감하니 종업원의 실수령액이 월 5 백불에 지나지 않았다라는 얘기도 있다. 놀라지 않을 수 없는 얘기이다.

이렇게 스폰서를 구하면 그 다음부터는 상식적인 수준에서 프로세싱이 진행된다. 위의 예의 경우라면 우선 회사에서 뽑는 포지션에 미국인 Citizen 이 지원자가 없거나 아니면 왜 이 사람이 아니면 안되는지에 대한 논리가 충분히 뒷받침 되어야 한다. 이 부분이 변호사의 역량이 중요한 부분이다. 여기서 포지션은 반드시 "영양학"이라는 전공과 정확하게 일치해야 한다. 다시 말해 전공이 다르면 절대로 H1b 도 영주권도 나오지 않는다. 제발 부탁이니 전공이 안맞으면 아예 생각을 말자. "신문사 기자로 지원하면서 불문과가 왜 안되냐"는 등의 질문은 제발 하지 말자.

정리하면 양심적인 스폰서를 찾는 것이 가장 중요하고, 무조건 빨리 받아내어 고통의 시간을 최소화 하는 것이 중요하다. 그리고, 전공이 다르면 아예 생각을 말자. 만일 위의 조건 중 어느 하나만이 안 맞을 경우면 때로는 나처럼 과감하게 결단을 내릴 필요도 있다. 어떤 사람은 MBA 를 하고도 10 년 만에 영주권이 나오고, 또 다른 사람은 절대 영주권이 나올 수 없는 사람이더라도 고용주를 설득하고 세금문제를 해결하여 1 년만에 영주권을 받는 사람도 있다. 독자는 어떤 사람이 되고 싶은가?

이제 경찰차가 뒤에 따라와도 무섭지 않다.

영주권을 받고 크게 달라진 것이 있다면 이전에는 미국인과 Conflict 가 생겼을 때 무조건 양보를 했었다. 얼마전 코스코에 갔을 때의 일이다. 파킹할 곳을 찾는데 바로 옆의 차자 나오려고 하기에, 차를 빼기 쉽게 앞으로 살짝 나아가 비켜 주었다. 운전수는 나에게 고맙다고 손짓을 하고 나가고, 이제 내 차를 파킹하려 후진하려 했다. 갑자기 건너편에서 차한 대가 유턴하여 그 빈자리에 무리하여 집어 넣으려 하여 후진하는 내 차와 부딪힐뻔 했다. 사고를 피하려고 내가 차를 세웠다. 차를 세우자 얌체같이 그 자리에 파킹을 하는 것이 아닌가? 난 창문을 열고 "내가 기다리던 자리라고 했다." 그 젊은 미국놈은 일방통행이라 내게는 파킹할 권리가 없다고 하고는 내려서 커피를 To-Go 하러 가버렸다. 열이 확 치밀어 올랐지만 참았다. 파킹 스페이스를 놓고 다투는 것이 큰 문제는 아니겠지만 영주권이 진행중인 상태에서 어떤 작은 Trouble 도 만들고 싶지 않아서 였다.

이제는 필요하면 언성을 높여 싸우기도 한다. 예전에는 운전중 경찰차가 따라오면 은근히 불안해

했지만, 이제는 무섭지 않다. 아직은 잘 안되지만 이제는 한국에서처럼 하고 싶은 대로 하려고 노력한다.

영주권은 시민권에 비해 투표권만 없다. 하지만, 미국이외의 나라에서 6 개월 이상을 체류하면 영주권이 취소된다. 6 개월 미만이라도 장기체류가 잦으면 이것저것 골치 아픈 경우가 많다. 경찰직이나 어떤 공무원직에 Citizen 이 아니면 지원 자격 없는 경우도 있다. 영주권으로 거의 모든 사회보장 혜택을 받을 수 있지만, 만일 아프가니스탄이나 북한에 납치되었을 때 미국의 파워를 이용하여 빠져나올 수는 없다.

한인타운에서 한국사람을 만나면 자주 듣는 질문이 "언제 미국에 오셨어요?"이다. 이 질문에 대답할 때 주의해야 한다. 많은 한인들이 그 질문에 대한 답변으로 사람을 Evaluation 하려하기 때문이다. 미국에 산 기간이 짧다는 것을 알면 사람들이 나쁜 의도로 접근하는 경우가 많다. 한국에서 증권회사에서 메니저를 하다가 도미한 어떤 선배의 경험담이다. 이곳에서 알게 된 사람이 그 선배가 한국에서 얼마전 왔다고 하자 이곳 저곳 좋은 곳을 데리고 다니며 처음 얼마간 정말 잘 대해 주었다 했다.(보통 이곳 사람들은 한국에서 어느 정도 나이가 들어서 오면 돈이 많을 것이라 생각한다.) 얼마후 그 사람은 이 골프장 또는 저 비즈니스에 투자하여 투자비자로 신분을 유지하고, 투자만으로 일하지 않고 월 상당한 수입을 얻을 수 있다며 집요하게 따라다녔다고 했다. 앞서 언급했지만, 세상에 일 안하고 돈 벌수 있는 시스템은 없다. 그 선배는 그 사람을 쫓아보내느라 고생이 많았다고 했다.

미국의 어떤 큰 보험회사가 내가 일하던 에이전시의 실적이 좋아 LA 공항에 있는 "Encounter"라는 근사한 레스토랑에 초대를 한 적이 있다. 그때 사장님과 내가 Agency 를 대표하여 참석했다. 다른 Agency 에서 온 부사장이 나에게 미국에 언제 왔느냐고 물었다. 이곳의 대부분의 사람들이 그 답변으로 상대방을 Evaluation 한다는 것을 잘 알고 있으므로, 나는 정말 그 질문을 받는 것을 싫어 한다. 또한, 여지껏 그 질문을 하는 사람들을 주변에서 보면 왜그런지 느낌이 좋지 않은 사람들이 대부분이었다. 그 질문이 나오는 상황도 왠지 불쾌한 상황에서 나온다. 그리고 내 느낌은 항상 적중하는 편이다. 3 년 되었다고 하자니 질문자가 나를 거기에 맞게 Evaluation 하여 앞으로 대우할 것이 뻔하고, 아니면 어학연수를 95 년도에 왔으므로 계산하여 10 년이 넘었다고 하자니 바로 옆에 사장님이 계셔서 거짓말을 할 수도 없는 상황이었다. 순간 사장님이 "왜 남의 사생활에 그렇게 관심이 많으실까?"라 하시면 화제를 바꿔주셨다. 미국에서 오래사신 사장님도 그 질문의 민감성을 잘 아시기 때문이었을까?

정리하면 첫째, "미국에 언제 오셨어요"라는 질문을 하지 말자. 둘째, 그런 질문을 하는 사람을 경계하자. 세째, 그 질문을 받는 상황을 가능하면 만들지 말자. 네째, 그래도 그 질문을 받으면 위와 같이 재치있게 넘기자.

입장을 바꾸어 나라면 어떤 경우에 위의 질문을 상대방에게 할 것 같은가? 예를 들어, 상대방과 의견이 일치하지 않을 때 내가 이 곳에서 더 오래 살았고 경험이 많으므로 내 말을 들으라는 압력을 간접적으로 주입하기 위해 그러한 질문을 이용하는 것이다. 주변에 미국에 오래 산 다른 사람들이 듣고 있으면 상황은 더욱 유리해 진다. 상대방이 "3 년됬어요"라고 말하는 순간 그 사람의 주장이 20 년 산 사람들 앞에서 갑자기 힘을 잃는 것이다. 상대방에게 Voluteer 로 나의 약점을 보여줄 필요는 없다.

License, License, License – 미국취업과 자격증

나는 밑바닥부터 다진 덕분에 미국 취업에 대한 많은 경험과 지식이 생겼다. 2005 년부터 네이버에 "미국취업과 자격증"이라는 까페를 오픈하며 문답 게시판을 운영하며 미국과 취업에 관심을 보이는 사람들에게 정보를 제공하고 격려하고 있다.

내가 취득했거나 관심을 가지고 있는 자격증은 주로 Finance 계통의 것으로서 LIFE and Health, Property & Casualty, Series 6, Series 63, CAARP Certified Producer, Healthy Family EE / CAA, EA, Broker License 등이다. 이중 마지막 2 개는 시험만 보면 되고, 나머지는 모두 취득한 상태이다. 더이상 자격증은 취득하고 싶지 않다. 자격증마다 유지 비용이 만만치 않기 때문이다.

미국 현지 취업에 관심이 있으면 내가 운영하는 까페를 뒤져 보아도 되고, 현지의 관련 사이트를 활용할 수도 있다. 예를 들어, 한인 상대 비즈니스 취업을 원하면 "라디오 코리아"라는 사이트의 구인란을 보면 되고, 주류 상대 비즈니스

취업을 원하면 "Craiglist"를 찾아보거나 "Monster.com"에 레쥐메를 올려 놓으면 된다.

요즘 미국 경기가 불황이 심각한 수준이다. Job 마켙도 예외는 아니다. 혹자는 경기 수준으로 볼때 Job 이 있는 것이 기적이라고 할 정도이다. 대기업은 감원과 구조조정을 하고 있고, 그나마 Sales 관련 Job 이 약간 있을 뿐이다. 특히 이민자 대상의 Job 으로는 Middle Man 의 Job 이 대부분이다. Middle Man 이란 Broker 또는 중개인을 생각하면 된다. 예를 들면 보험회사와 고객의 사이를 중개해주는 에이젼시를 생각하면 되는데, 보통 기본급 없이 수당만을 지급한다. 바꿔 말해서, 높은 생활비를 생각할 때 버티기 정말 힘든 Job 이다. 그리고 뛰어난 소수가 대부분의 마켙을 지배하고 있는 Job 이기도 하다. 중개인은 수입은 능력에 따라 "0"에서 부터 "백만불"을 버는 사람도 있다.

14. 이젠 만족하며 살고 싶다. – Hancock Park 와 Beetle

Wife Fulltime 취업기념으로 폭스바겐 비틀 오픈카를 사줬다. 나의 보상 시스템은 노력에 대한 보상을 제대로 해주는 시스템이다. 앞서 대기업에서 며칠 밤을 새도 중간 평가점수를 받아 섭섭했다고 언급했다. 노력하는 사람이나 하지 않는는 사람이나 똑같이 나눠먹는 시스템은 싫다.

영주권 취득 기념으로 게이트 커뮤니티로 주거지를 옮겼다. 이 곳은 주민이 아니면 들어 올 수 없고, 큰 단지내에 극장, 수영장, 헬스클럽, 까페, 놀이 공간 등이 있다. 이제 나도 소위 말하는 아메리칸 드림을 이뤄보려 한다. 아침에 수영을 2 백 미터 한 후 자꾸지에 들어가서 지지면 절로 만족의 감탄사가 나온다. 위를 올려 보면 California 의 맑은 하늘과 아름다운 야자수가 있고, Cabana 에는 비키니를 입은 금발의 미녀들이 한가롭게 Tanning 을 즐기며 독서를 하고 있다. Park 안의 노상 까페에서 과일 샐러드를 먹으며, 여유롭게 인터넷 쇼핑도 한다. 비즈니스 세미나 룸에서 내일 Sales Presentation 연습을 할 수도 있고, 매주 화요일 저녁과 일요일 두 시에는 최신 영화의 무료상영을 감상하기도 한다.

미나가 다닐 유치원은 California 의 Top 5 안에 들어가는 초등학교의 부속 유치원으로 집에서 불과 걸어서 5 분밖에 걸리지 않는다. 이 모든 것이 영주권 취득후 직장을 때려치고 나서 발품팔아 이뤄낸 것 들이다. 영주권을 받으면 보통 6 개월 안에 다니던 직장을 관둔다. 받기까지 고용주와 종업원의 갈등을 증명해 준다고나 할까?

한국에서는 이곳으로 유치원을 보내기 위해 기러기 부모를 위한 안내책까지 나올 정도로 인기가 있다고 들었다. 만일 내가했던 것처럼 부부가 같이 와서도 취업과 신분을 해결할 수 있다면 왜 굳이 기러기 부모를 하려할까? 실제 기러기 부모인 선배로부터 들은 이야기인데 어떤 부부는 부부갈등을 풀 길이 없어서 일부러 기러기 부모를 한다고 한다. 사실 최고 학군 Irvine 지역에는 방탕한 기러기 엄마들이 상당수 있다고 한다.

6 개월만 부동산을 배워보자. – 사기꾼을 조심하세요.

한인타운 취업전선을 잘 관찰해보면 사기꾼과 엉터리가 더러 눈에 띈다. 지적인 호기심에 잠시 부동산으로 외도를 해보았다. 백만불을 버는 사람도 있다는 곳이 부동산 바닥이다. 월급쟁이만 해온 나에게는 "어떻게"라는 호기심이 생기지 않을 수 없다. California 부동산 경기가 호황일때, 사람들은 앞을 다투어 집을 무리하여 사들였다. 첫번째 집에서 뽑은 Equity 로 두번째 집에 Down 을 하는 방법이다. 양쪽집 Mortgage 를 Pay 하기 위해 이자보다도 적게 내는 MTA 라는 변동 1% Minimum 페이먼트 Option ARM 으로 대출을 받는 방법이다. 바로 이런 Hybrid Mortgage 가 공황이후 최대의 위기를 몰고온 주범이라고 할 수 있다. 중개인은 수수료로 먹고 살기 때문에 무조건 대출이 나오도록 해야 하므로 자격이 되지 않는 고객에게 대출을 주기위해 서류를 위조하는 것이다. 은행측에서도 대출영업 실적으로 승진과 보너스를 받기위해 담당자는 알면서도 슬그머니 속아 넘어 가주는 것이었다. 이런 과정에 백만달러 Seller 가 나오게 된다. MTA 와 같은 Mortgage 는 고객에게 장기적으로 엄청난 손실을 입히는 프로그램이므로 당연히 영업사원을 매료시키기 위해 수당이 높을 수밖에 없다. 대출의 수당이 금액의 1%라 하면, 5 십만불 대출시 5 만불을 챙기게 된다. 한달에 1 건만해도 1 년이면 60 만불이다.

이런 프로그램은 파는 사람도 사는 사람도 문제가 있다. 양쪽다 쉽게 돈을 벌려는 것이 문제이다. 미국생활에서 한번은 그런 식으로 넘어갈 수도 있지만 두번은 안된다고 한다. 미국이라는 시스템이 그렇게 만들어져 있다. 이번 일을 계기로 오바마 대통령을 비롯한 정부가 이런 어처구니 없는 허점이 반복되지 않도록 단단히 장치를 마련하리라 본다.

6 개월의 외도의 성과는 첫째, 이 바닥에 네트워크를 갖추었다. 부동산 관련 문제가 생기면 전화 한통화로 자문을 받을 수 있을 만한 믿을만한 친구가 두어 명 생겼다. 내가 만나서 거래하고 함께 일한 사람 약 20 명 중에서 실력과 신용을 겸비한 사람은 10% 정도인 것 같다. 둘째, Broker License 를

위한 준비와 공부를 모두 마쳤다. (지식은 파워다.
지식이 없으면 온갖 사기꾼들이 귀신 신나라 까먹는
소리를 하며 접근해 오는 것이 이바닥의 생리이다.)
결론적으로, 나는 내가 관련된 부동산 거래가 아니면
앞으로 직접적으로 연관되고 싶지 않다. 한인타운의
부동산 바닥은 너무 타락해 보인다. 내 천직으로
만들고 싶지 않다.

4 육년 만에 한국에 오니

왜 이렇게 복잡하지 – 이젠 한국에서 못 살겠네.

학원 경쟁이 치열하다. 학원따라 강남으로 이사를 가야 하니 부동산이 오른다. 부동산이 오르니 만나는 놈들마다 "돈돈"거린다. 내 아이만 놀이터에서 놀고 있으니 아줌마의 마음이 불안할 수밖에. 고대 주차장에는 외제차가 많다. 이제 입학선물로 BMW 를 해 준단다. 일류대에 못가면 대기업은 꿈도 못꾼다.

학원기업을 크게 운영하고 있는 선배와 만나 교육에 대한 이야기를 들었다. 이제 서울에 있는 대학은 모두 "서울대"라고 한단다. 예전에 내가 대학입학시에는 들어 보지도 못한 대학도 서울에 있으므로 이제는 "서울대"에 속한다는 것이었다. 내가 입시를 치른 1990 년은 백만 수험생 시대였다. 학생수는 분명 줄었는데 왜 이리 경쟁은 치열해졌을까?

그 이유는 예전에는 성적분포가 삼각형이었는데 요즘에는 호리병형 성적분포가 되었기 때문이란다. 상위권 학생이 밀집되어 있으므로, Perfect 한 Score 만이 살 길이다. 일이점 차로 당락이 좌우되는 시험에서 실수란 용납이 되지 않는다. 그래서 사교육이 번성하는 것이다. 사교육은 돈이 많이 든다. 예전에는 가난한 학생도 열심히 공부하여 서울대를 가는 경우가 있었는데, 이렇게 가다간 신분상승의 기회가 막혀 버리겠다.

미국의 얼바인에 있는 좋은 고등학교는 학교에서 내준 숙제만으로 학생들이 새벽 2 시까지 공부를 하게 된다고 한다. 사교육은 상상도 못할 일이다. 한국의 부모들은 이 학교를 보내려고 학원을 보내고 난리이다. 미국의 경우 사교육 시장은 주로 SAT 준비 등을 위주로 형성이 되어있다. 하지만 시험자체가 무제한 볼 수 있도록 되어 있고, 가장 많은 점수를 입학점수에 반영하게 되어 있으므로, 실수를 하는 것을 두려워 할 필요가 없다. 게다가 Top School 의 경우 SAT 점수가 낮아도 다른 항목들의 비중이 높으면 합격이 될 수 있으므로 완벽한 점수를 받기 위해 사교육이 번성할 필요가 없다.

6년 만에 들어간 한국의 교육과 부동산은 정말 어처구니 없었다. 최소한 중고등학교까지는 미국에서 보내야 할 것 같다. 내가 보기에 미국의 소위 말하는 Ivy League 도 한국의 대학과 가르치는 것이 별반 다를 것이 없다. 반면 미국은 대학원 중심의 사회이므로 공부에 특기가 있으면 대학원을 좋은 곳으로 보내면 된다. 한국에서 교육을 시키던, 미국에서 교육을 시키던 배우는 것은 크게 다르지 않다. 하지만 미국에서 교육을 시키면 영어와 문화를 잘 이해하게 되고, 그것이 Global 인재로서 세상을 여는 중요한 Key 가 될 것이다.

My Case 4: 전세가 오르니 두째를 낳아 돈을 마련하겠다는 친구

친구는 강남에 새로 지은 아파트에 전세로 1 억 5 천만원에 작년에 들어갔다고 했다. 그런데 갑자기 1 년 만에 전세금이 3 억 5 천만원으로 뛰었단다. 그렇다면 앞으로 1 년 이내에 2 억을 마련하지 못하면 어쩔 수 없이 집을 비워줘야 한다. 월급쟁이가 어떻게 1 년에 2 억을 마련할 수가 있겠는가?

그 친구는 무리해서 들어간 강남아파트 전세는 죽어도 포기 못한다고 했다. 그 이유는 학군이 좋고 좋은 학원과 강사가 많으므로 좋은 사교육을 시킬 수 있기 때문이라고 했다. 이렇게라도 해서 공부를 시키지 않으면 아이가 할 수 있는 일은 편의점 알바나 주유소 알바밖에 없다는 것이었다. 요즘 한국의 교육은 부모의 능력이 아니라 할아버지의 능력이라고 했다. 다행히 장인어르신이 여유가 있으셔서 첫째 낳았을 때 얼마간의 돈을 주신 모양이었다. 이 친구는 그래서 요즘 둘째를 고려하고 있다. 설마 둘째를 임신한 딸을 장인께서 쫓겨나도록 내버려 두겠냐는 것이었다.

사교육은 부동산 가격을 부추기고, 부동산 가격은 다시 물질 만능주의를 부추긴다. 이 모두가 보통 사람으로서 감당할 수 있는 범위 안이라면 문제가 크지 않다고 보지만, 월급으로는 유지가 시작부터 불가능한 경우는 사회적으로 심각한 문제라고 본다. 그래도 어느정도 배웠다는 친구들마저도 하나같이 "돈이 돈먹는 세상"이라고 동감한다면, 우리보다 배움의 기회가 적었던 대다수의 사람들에게 한국이라는 사회는 얼마나 불공평하게 보일까?

10 년전 한국의 잘 나가던 대기업을 그만두고 자식의 교육을 위해 이민온 어떤 선배의 이야기다. 초등학교에 다니던 두 아들이 이제는 커서 첫째는 UC Irvine 의 Math 전공을 2 년 반만에 마쳤고(이 곳 대학은 보통 졸업하는데 4-5 년 걸린다), 두째는 하버드로부터는 입학허가를 받지 못해 UCLA 에 가기로 했다. 이 선배님은 다음과 같이 말했다. "애들이 못 따라갈까봐 걱정할 필요 없어. 항상 어른이 자기몫을 못하지 애들은 다 자기몫을 하더라고." 동감하는 이야기다. 나는 초등학교때 강남의 팔학군으로부터 전주로 전학을 갔다. 중고등학교 모두 그당시 환경이

별로 좋지 못한 곳으로 이름난 곳이었다. 심지어 친구 어머니는 추첨으로 우리 고등학교에 배정받았을 때 울었다는 이야기도 들었다. 나도 아버지께서 장난삼아 당시 역사적으로 유명한 고등학교로 야구부를 통해 전학시켜 주겠다고 했던 기억이 난다. 그때 야구방망이로 백대 얻어맞고 야구부를 그만두면 된다고 했다. 그런 고등학교였지만, 지금 선후배, 동기들 중에 판사, 변호사, 의사, 벤쳐사업가 등등 많이 배출되었다. 아이들은 자기몫을 하게 마련이다. 언제나 부모들이 문제다.

교육은 자녀들에게 부모가 줄 수 있는 최고의 선물이다. 선물은 값보다 마음이 중요하다. 또한 좋은 교육이 높은 성적과 일치하면 좋겠지만 그렇지 않아 보인다. 성적이 높지 않았더라도 자녀들이 좋은 교육을 받으면 결과적으로 자기몫을 하게 된다. 반면에 성적이 높았지만 자기몫을 하지 못하는 사람들을 주변에서 많이 보았다. 좋은 교육은 성적을 올리는 테크닉을 주입시켜 주는 것이 아니라, 자녀들이 "스스로" 학습할 수 있도록 방법을 알려주는 것이라고 생각한다. 옛말에 물고기를 잡아주지 말고 잡는 방법을 알려주라고 하지 않았나?

한국에서 최근에 들어와 투자비자를 받고 자녀들을 좋은 학교에 보내고 있는 어떤 선배로부터 들은 이야기다. "한국의 고등학생은 빛을 못보고 지낸다. 아이들과 대화를 하고 싶어도 학교과 학원생활에 지친 아이들이 피곤할 것 같아 미안해서 대화를 할 수가 없었다. 이 곳에 오니 우린 힘들지만 아이들이 너무 좋아해서 다행이다. 음악활동도 하고 선배들이 공부도 도와주고, 하루 24 시간이 부족하다고 한다."

얼마전 중앙일보 LA 판에서 읽은 기사에 의하면 Ivy 리그 입학 한인학생의 50% 미만이 졸업을 한다고 했다. Ivy 리그면 미국내 최고의 두뇌들만이 입학허가를 받는 곳이다. 그중 성적이 우수한 한인들도 상당수 입학을 하고 있다고 한다. 졸업율이 낮은 이유는 적성, 너무 힘든 과정 등 여러가지가 있겠지만, 교육열이 가장 높다는 한인들의 졸업율이 절반도 못미친다면 그들이 "스스로" 학습을 할 수 있는 능력이 있는지 의심이 가지 않을 수 없다.

뒤바뀐 친구들의 생활 – 대기업 vs. 자영업

전주 친구가 한 말이다. "서울 가봐라. 대기업 다니는 놈들, 뭐 사주나." 대기업 친구들에게 전화했더니 지금 회의중이라며 눈치보느라 전화도 잘 못하더라. 결국 친한 친구 2 명은 만나지도 못했다. 반면, 그간 자영업을 했던 전주 친구들은 훨씬 시간적으로나 경제적으로 여유가 있었다. 대기업은 빛좋은 개살구라고나 할까?

옛 직장 동료를 만났다. 벌써 차장이 되었다. 아직 장가를 못갔는데 8 년째 "금년에는 가야지"라고 말을 하고있는 친구다. 이 친구는 계획이 앞으로 1 년 후 외국 지사로 나가고 싶다고 했다. 그래서 현지에 있는 선배들중 법인에 있다가 복귀해서 잘못된 케이스를 말해줬다. 예전에 내가 모시던 상무님의 경우 해외법인을 돌다가 임원을 달고 복귀한 경우인데도 자리가 나지 않아 회사를 옮겨서 들어왔다. 또 다른 경우, 이 곳에서 만난 선배는 일본 법인을 장기 근무후 임원을 달지 못한채 본사로 복귀하니 문화적인 차이도 있고 자리가 안정적이지 못하여 그만두고 덜컹 미국으로 이민을 온 경우이다. 두 경우 모두

굴러들어온 돌이 박힌 돌 빼내는 것이 쉽지 않음을 보여준다.

대기업에서는 임원을 달려면 영업의 신이 아닌 후에야 최소한 MBA 는 필수이다. 부장으로 은퇴하기 싫으면 빨리 결정을 하고 빨리 실행에 옮겨야 한다. 세상을 살다보니 안되는 것도 있다는 것을 알았고, 그런 것은 빨리 찾아내어 Option List 에서 지워버려야 함을 깨달았다. 이것은 앞서 "마음먹은 대로 된다"고 언급했던 것과 상반되지 않는다. 위의 예에서 보면 대기업에서 임원이 되겠다고 하면서 되기 위한 노력은 안하겠다고 하면 마음먹은 것이 아니다. 최소한 MBA 를 마칠 정도의 노력도 안하면서 대기업 임원을 하겠다는 것이 "안되는 것"이다.

내가 MBA 를 하겠다고 친한 친구에게 말했더니 그친구는 조심스럽게 내개 다음과 같이 말했다. "30 세부터 시작해서 어느세월에 미국에서 성공할 수 있겠니? 40 세까지 인생의 성공 기회가 있다는데 말이다." 맞는 말이다. 안되는 것은 안되는 것이니까. 하지만 내 미국도전은 안되는 것을 하겠다고 도전한 것이 아니라, 내 꿈을 위한 것이었다.

바로 미국도전을 통해 큰 세상을 보고 느끼고 경험한 것을 후배들에게 조언해 주는 것이 내 꿈이었다. 만일 나의 미국도전 경험을 다룬 이 책이 출판된다면 나는 내 꿈의 하나를 달성하는 것이다.

가장 좋은 Job에 대한 생각 - 학원 비즈니스를 Contact 하다.

이제 부모님 연세도 일흔을 훌쩍 넘으셨다. 장손으로서 책임감이 무겁다. 영주권도 받았으니 이제는 한국을 가끔 들어가서 부모님과 집안일도 살필 수 있는 일을 찾아야 한다. 학원 비즈니스가 괜찮을 것 같다. 경기도 덜 타는 편이고, 선생님이 되보고 싶다는 생각이 많이 들어왔다. English 까페를 운영하는 것을 생각해 봤다. SAT 강의를 지방에서 하는 것은 어떨까?

English 까페는 말 그대로 까페이다. 최첨단 TV, 컴퓨터 등으로 디지털 멀티미디어를 이용하여 최신영화나 오디오 등을 감상할 수 있게 해주는 까페이다. 물론 최신 영화나 잡지, 신문 등도 접할 수 있게 해주고, 까페 안에 스터디룸을 만들어 Tutoring 이나 스터디 그룹도 할 수 있도록 해 주는 것이다. 그 곳에서 SAT 나 토플 등의 강의도 가능하다. 그야말로 영어를 배우고 익히기를 좋아하는 사람들이나 학생들을 위한 까페를 만드는 것이다.

지난 여름에 한국에 갑자기 들어가게 되어 친한 선배를 찾아 혹시 한국에서 가져올만한 비즈니스를 하나 알려달라고 했더니, 그 선배는 XX 라는 교육기업의 친구분을 찾아가 보라고 했다. 그렇게 한국에서 만나 저녁을 함께하고 오랜 시간 미국의 학원 및 교재사업에 대한 이야기를 나누었다. 그 후 마침 한국에 잠깐 들어온 현직 미국 고등학교 Math 교사와 세 명이서 2 차만남을 가지며 좀더 심도있는 의견을 교환했다. 그 쪽에서 관심을 보였다. 그후 미국에 와서 선배와 함께 이곳의 학원과 교재 비즈니스에 대한 시장조사를 했다. XX 측의 지사를 우리가 추진하기 위함이었다.

우리 제안만으로 당장 XX 가 들어올 것이라는 기대는 하지 않았다. 다만 원래 학원 비즈니스에 대한 관심이 많았으므로, 재미있게 여러 학원관련자들을 만나 인터뷰하고 리서치를 했다. 이곳은 대형학원보다는 점 조직의 소형학원이 유리하다. 그 이유는 대중교통수단이 부족하고 수강생들이 넓은 지역에 산재되어 있어 Pick-Up 문제가 있기 때문이다. 또한, 이곳의 학원은

SAT 중심이며, 한국처럼 강의식이라기 보다는 3대 1 이하의 소규모 Tutoring 식으로 진행되는 것이 대부분이다. 난 선배에게 학생을 모집하여 학교를 연결해주고 방과후 한국진도를 가르치는 관리형 유학에 반하여 아예 미국에 특목고를 세우는 것이 어떠냐며 나의 스케일을 보여 주기도 했다.

제안은 했지만 지사가 언제나 들어올 지는 알 수 없는 일이므로 나는 별도로 SAT에 대한 연구를 시작했다. 직접 시험을 보고 유형을 분석해보니 내가 직접 Tutoring을 할 수도 있겠다는 자신감이 생겼다. 내친 김에 강의계획과 강사약력, 마케팅계획 등을 만들었다. 이제 맘만먹으면 나의 또다른 꿈인 학원운영이 손닿을 정도의 거리에 다가온 것이다.

5 다시 온 미국

다시 보험을 시작하다. – 억대 연봉을 향하여, WHY NOT ME?

Wife 가 내가 요즘 놀고 있다고 불만이 많다. 하긴 결혼하자마자 도미하여 고생만 시켰으니 그런 소리 들을 만도 하다. 내 꿈을 이루기 위해 선행되어야 할 일이 있다는 것을 깨달았다. 우선 한 달에 만불씩 벌어서 Wife 의 입부터 막아 놓아야 겠다.

억대 연봉을 받는 재정전문인들을 주변에서 더러 만난다. 예전에는 어떻게 저렇게 할 수 있을까?라고 의심 했었다. 그런데 요즘에는 내가 저렇게 안될 이유가 뭐가 있겠는가?라고 생각이 바뀌었다. 뭐든지 때가 있는 것 같다. 똑같은 Job 과 똑같은 사람에 대한 생각이 180 도 바뀌지 않았는가?

난 내 꿈을 이루겠다고 끊임없이 말해왔고, 이제 저만치 꿈의 실현이 보이기 시작했다. 예전에는 저만치 보이는 것이 꿈인지 모르고 또는 용기가 없어서 포기한 적이 몇 번 있었지만 이제는 그럴 수 없다. 꿈의 실현이 저만치 보이지만 달성은 지금까지보다 몇배의 노력이 들 것이다. 달성을 위한 노력의 하나로 자금이 필요하다. 이 글이 책으로 나오게 하기위한 자금이 필요하고, 학원을 차릴 운영자금이 필요하다. 그것도 많이 필요하다.

앞에서 "There is no such thing as a free lunch(세상에 공짜 점심이란 없다)"라고 언급했다. 그래서 난 내 꿈을 달성하기 위해 남의 돈을 빌리고 싶지 않다. 따라서 난 최단기에 최대한의 돈을 끌어 모아야 한다. 결국 내 꿈의 달성은 다시시작하는 보험영업의 신이 되어 억대 연봉을 벌어야 한다. 메니저가 나는 잘 할 수 있을 것이라 했다. 일단 보험 Underwriter 출신으로서 보험의 안팍을 꿰차고 있고, 모든 라이센스를 다 지니고 있으며, 지식이 충분하고,

거기에 네트워크도 잘 갖춰져 있다는 것이다. 다만 검증되지 않은 것은 나는 아직까지 'Ask to Buy"를 해 본적이 없다.

뭐든 말하는 대로 된다. 조심스럽게 wife 와 메니저에게 한달에 만불씩 벌어오겠다고 선언했다. Wife 는 내가 한다면 하는 것을 옆에서 쭉 목격해온 사람이다. Wife 가 "한다면 하지. 약간 결과가 이상하게 나와서 그렇지"해서 둘다 웃었다. 이제 실천으로 옮기면서 "How to start a conversation and make friends"라는 책을 샀다. 낯선 사람에게 먼저 대화를 건네고 친구로 만드는 스킬을 연습하기 위해서다. 시작이 반이다. 오늘 미국 할머니하고 한 20 분 정도 까페에 앉아 별 주제 없이 대화를 했다. 나는 가벼운 이야기를 주고 받는 것을 시간낭비라고 생각하고 차라리 그 시간에 책을 보거나 운동을 하는 것이 낫다고 생각하는 사람이지만 만불을 벌기 위해 이제 이런 생활에 적응해야 한다. 갑자기 할머니 두분이 더 자리에 합석했다. 젊은 남자가 할머니 세 분과 한 테이블에 앉아 있는 것이 이상하게 보일 것 같아 그만 약속이 있다고 하고 자리를 일어섰다.

어머니가 예전에 실패만 하지 않으면 된다고 하셨다

실패는 패배와는 다르다. 실패는 성공을 위한 과정일 뿐이다. 실패하였다고 주저앉으면 패배가 된다. 실패를 통해서 경험을 얻는다. 내 인생은 실패의 연속이고, 그로 인한 최후의 성공이다. 내 사전에 실패는 너무 많고 성공은 서너번 있고 패배란 단어는 결코 없다.

어머니는 예전에 실패만 하지 않으면 된다고 하셨다. 한국에서 직장생활까지 하다온 나는 실패를 용납하지 않는 완벽주의자였다. 굳이 실패 경험을 말하라면 재수의 경험인데 이것을 실패라고 할 수 있을 지 모르겠다. 미국에 와서 나름대로 이런 저런 실패를 경험했다. MBA 를 마치지 못했고, 짧은 기간동안 직장을 3 번이나 옮기고 아직도 찾고 있다. 하지만 어떤 실패도 오래 간 적이 없다. 그때마다 새로운 것을 배웠고, 바로바로 다른 직장과 다른 기회를 만나 다음 Stage 로 이동할 수 있었다. 지금은 완벽이 아닌 실패를 추구한다. 완벽을 추구하면 내가 잘할 수 있는 것만 하게 되므로 실패를 통한 배움의 기회가 없어진다. 지금의 내모습은 완벽을 추구했던 과거의 결과물이다. 아직 나는 크게 성공하지 못했다. 내가 좀더 빨리 실패를 추구했더라면 어쩌면 지금쯤 크게 성공했을지 모르겠다.

지난 여름 한국에 다녀와서 AIG 에 입사하기 전까지 한 3 개월 정도를 직업없이 보냈다. 한국에서는 한달동안 30 여명의 친구와 선후배들을 만났고, 미국에 돌아와서 XX 에 제안도 했고 이 책의 대부분을 집필했다. 어떻게 보면 가장 값지고 보람되고 바쁘게 보낸 3 개월이었다. 하지만 주변의 시선은 곱지 못했다. 내가 없는 곳에서 가족들과 친척들은 수근대기 시작했다. 왜 남이 아닌 "나"를 위해 투자하는 시간을 사람들은 무능하고 가치가 없다고 여길까?

나에게 성공은 돈을 많이 버는 것이 아니라 나의 꿈을 달성하는 것이다. 내 꿈은 인생이라는 여정을 보람되게 보내는 것이다. 대학시절 아버지는 내게 용돈을 많이 주시며, 친구들을 밥을 사주며 내 사람으로 만들라고 하셨다. 그 친구들이 나중에 큰 재산이 될 것이라고 하셨다. 한편 돈으로 산 친구는 돈이 없어지면 남지 않는다고 하셨다. 여기서 재산은 돈이 아니라 친구이다. 돈으로 친구는 살 수 없고 함께한 시간으로 친구를 살 수 있다. 시간을 함께하기 위해 돈이 있으면 편하긴 하다.

Family First – Teamwork

Family 가 우선이다. 우리 세 식구는 한 배를 탄 한 팀이다. 팀의 결과는 한 사람의 속도로 결정되지 않는다. 한 사람이 조금 뒤지면 나머지 사람들이 조금 더 전체 결과를 위해 Support 하면 된다. 모두가 사람이다. 조금 늦을 수도 있고, 아플 수도 있다. 예전에 나는 아버지로부터 아플 때 위안보다는 "왜 이렇게 시원챦어, 사내자식이..."라고 쿠사리를 먹었다.(아버지는 호랑이는 자식들을 절벽에서 떨어뜨려서 살아남는 놈만 키운다고 하셨다.)

나는 딸 아이 하나만 키우고 있다. 주변에서 둘째에 대해 계획이 없냐고 많이 물어본다. 나는 나중에 돈 많이 모은후 늦둥이를 키울 것이라 답하곤 했다. 그러면 하나같이 애 하나는 외롭고 성격이 나빠진다며 걱정스럽게 말한다. 지금 힘들어도 일단 생기면 다 저절로 자란다고 말한다. 대부분 애들이 둘 이상인 사람들로부터 듣는 얘기다. 내가 보기에는 그들에게 하나 키우는 것도 벅차 보인다. 험한 세상에 일단 낳아 놓고 보자는 식의 말은 책임감 없이 들릴

뿐이다. 이제 우리는 21 세기를 살고 있다. 왜 아직도 새마을 운동시절을 벗어나지 못하고 있는가? 내가 안 만들겠다는 것이 아니다. 내가 책임질 수 있을 능력이 될때 만들겠다는 것이다. 나의 가족이다. 둘째부터의 문제는 내가 선택한다.

지금 애 하나만 가지고도 우리가족의 하루는 꽉짜여 돌아간다. 내 일과 가족과의 시간을 보내고 나면 좀처럼 나의 꿈을 이루기 위한 시간을 내기 쉽지 않다. 꿈을 달성하기 위해 투자하는 시간이 어디 한두시간이겠는가? 여기에 한식구가 늘어나면 내 꿈은 그만큼 더 멀어질 것이다. 그래서 대부분의 사람들이 가족이 늘면서 차츰 꿈을 접게되는 것이다. 꿈을 희생한 가족이라... 나중에 자식을 보면서 잃어버린 꿈을 생각하게 되지는 않을까? 많은 아버지들이 자신이 이루지 못한 것을 자식을 통해 이루고자 하는 욕망도 바로 이런 것으로부터 기인하는 것이 아닐까?

종로학원 시절 어머니 친구 아들 한명과 같이 공부를 했다. 그 형은 삼수째 하고 있었다. 어머니가 해 주신 말이다. "그 애는 자신이 머리가 남들만큼 좋지 않기 때문에 남보다 배로 열심히 한다는 구나." 결국 그 형은 서울대를 마치고 스탠포드에서 박사학위를 한후 지금 서울대 교수로 재직중이다. 그 형은 꿈을 이룬 것처럼 보인다. 아직 장가를 못갔다고 들었다.

미국에 살면서 좋은것 중 하나는 간섭의 스트레스를 덜 받아도 되는 것이다. 부모님이나 처갓집, Wife 친구들이 멀리 떨어져 있으므로 한국에 있는 친구들이 당하는 비교나 간섭의 도마에 자주 놓이지 않게된다.

나의 꿈, 앞으로의 계획

내가 직장생활을 할 때부터 계속 생각하고 있던 것 중의 하나는 스타강사가 되는 것이었다. 그리고, 나의 살아온 경험과 정보를 후배들에게 공유하기 위한 책을 출판하는 것이었다. 이런 계획들이 미국에 오면서, 다시 한국의 친구들을 방문하면서 조금씩 구체화 되어갔다. 우선, 공유할 수 있는 경험과 정보가 많아졌고, 그것을 필요로 할만한 사람들도 명확해 졌다. 그리고, 강사는 SAT 나 토플, GMAT, Math 등 유학과 관련된 시험준비를 강의할 수 있는 나름의 Tool 을 가지고 있다.

책은 이미 집필을 시작했다. SAT 또한 강의 계획서와 마케팅 Material 의 준비가 된 상태이다. 하지만, Family 의 설득이 쉽지 않다. 이미, 부동산으로의 외도와 한국 학원기업의 제안준비 등으로 8 개월을 고정수입 없이 보내니, 가족의 인내심이 한계에 다다른 것 같다. 특히 한국 학원기업의 지사 추진은 한국에 계신 연로한 부모님을 돌보기 위해서 중요하지 않을 수 없다.

현재 위 세가지의 Status 를 점검해 보면 70% 정도 준비가 되었다는 판단이 선다. 책도 어느정도 집필이 되었고, 강사도 수강생만 구하면 일단 시작할 수 있는 상태이고, 한국의 학원기업도 이미 제안은 했으므로 대표이사가 예산과 계획만 내놓으면 되는 상태이다. 어떻게 보면 대견하기도 하다. 인생의 꿈 세가지를 이미 70% 정도 준비를 해놓았다는 것이 대견하지 않은가?

나머지 30% 달성은 어찌보면 지금까지 들인 노력과 시간의 배가 들지도 모른다. 어떻게 하면 가능할 지를 생각해 보았다. 우선 필요한 것은 가족의 설득과 집중할 수 있는 시간 등이다. 가족의 설득은 억대 연봉으로 가능하다. 집중할 수 있는 시간은 Flexible 한 시간을 운영할 수 있는 Job 이다. 그래서 난 AIG 와 일하기로 했다.

꿈은 진화하는 것이다. 현재의 꿈은 현수준에서 이상적인 나의 모습이고, 그 꿈을 달성한후에는 더 높은 수준의 새로운 꿈이 자라나리라 믿는다. 새로운 꿈은 그때 생각하기로 하고 지금은 현재의 꿈의 달성을 위해 매진하자.

My Case 3: 평생 허상을 쫓다가 죽은 어느 Salesman 의 죽음

얼마전 SAT Writing 부분의 강의 계획을 만들면서 예문중 "평생 허상을 쫓다가 죽은 어느 Salesman 의 죽음"이라는 내용을 발견했다. 깜짝 놀랐다. 내 인생도 끊임없이 무언가를 쫓고 있기 때문이었다.

반대로 그 Salesman 이 실상을 추구했더라면 죽기전에 꿈을 이루었을 것임에 틀림없다. 허상은 "실재로 존재하지 않는 것"이다. 예전에 MBA 를 도전할 때 나는 허상을 쫓았다. 미국에 가면 되겠지라는 막연한 생각이었다. 이것이 허상이고 난 오자마자 그 대가를 톡톡히 치루었다. GMAT 스터디 그룹을 운영할 당시 석사 한 명이 있었는데 그 친구는 때때로 나의 해석이 잘못되었다고 하며 무엇이 이상하냐고 물으면 "뭔가" 다른 것이 있을 것 같다고 하곤 했다. 그러면서 항상 그 "뭔가"는 설명을 못했다.

실상을 허상으로부터 구별하기 위해 많은 경험과 노력이 필요하다. 사람은 허상을 쫓다가 실패를 한다. 실패에서 배운 것과 경험을 통해 실상에 한 발 다가가게 된다. 운이 좋으면 한 번의 실패로 실상을 발견할 수도 있고, 그렇지 않으면 여러번의 실패를 통해 실상을 발견한다. 평생 허상을 쫓은 이유는 실상을 보고도 "뭔가 다른 것이 있겠지"라고 의문을 제기했거나, 아니면 허상을 실상이 나타날 때까지 끝까지 파헤치지 못하고 계속해서 다른 허상으로 갈아탔기 때문이다.

아버지는 "한 우물을 파라"고 하셨다. 또 다른 선배는 "요즘은 한 우물을 파는 시대가 아니다. 이것 저것 발을 걸치고 있다가 되는 것에 올인해라"고 했다. 나는 "힘들게 올랐더니 이 산이 아니네"라고 곁들였다. 팔 우물을 선택하는 것은 그 사람의 luck 이다. 운명론을 믿지 않는 나는 당연 한꺼번에 여러 우물을 기웃거릴수밖에 없다. 힘들게 팠더니 허상이면 어쩌란 말인가? 실상이라 하더라도 내가 그 일이 싫다면 한번뿐인 인생을 걸기에는 너무 아깝지 않나?

여러 우물을 동시에 파 들어가다 보면 실상인지 아닌지 감을 잡을 수 있다. 힘들고 오래걸려도 여러 우물을 동시에 건드리자. 이것이 산에 오른후 실망하는 것보다 고통이 덜하다. 예전에 불문학 교수님 한 분이 소설을 읽기 싫으면 영화라도 자주 가보라고 하셨다. 소설과 문학은 다른사람의 인생에 대한 간접경험을 시켜주어 독자의 인생의 폭을 넓혀 준다고 하셨다. 설령 허상을 쫓다가 죽은 꼴이 되더라도 여러 우물을 파면서 얻은 경험은 나의 인생의 폭을 확대해 주지 않겠는가? 인생을 폭넓게 사는 것이 또한 나의 존재의 이유이기도 하다.

아이의 교육에 대한 나의 생각

미나는 지금 다섯살인데 한글과 영어를 모두 읽고 말한다. 한글을 읽는데는 지난 여름 방학중 한국에서 외할머니로부터 배운 한달 반이다. 상당히 Smart 한 아이다. 학교에서도 선생님들이 그렇게 말하고 있다.

미국에 온지 2 년쯤 되었을 때 한국에 있는 친구가 물었다. 이제 영어는 Native 정도 되지? 천만에. 이런 질문에 대한 준비를 해야 한다. 요즘에 나는 이렇게 대답한다. "우리 미나가 오자마자 나았으니 5 살인데, 나도 미나 정도 영어를 하게 되더군." 물론 읽기, 쓰기, 듣기는 대학생 이상의 수준이다. 하지만, 말은 다르다.

한가지 한국에 있는 부모들에게 알려주고 싶은 것이 있다. 부모가 Native Speaker 가 아니면, 자녀가 미국에서 태어났더라도, 영어 말하기 능력에는 한계가 있을 수 있다는 것이다. 난 미국의 교육에 대한 Confidence 를 가지고 있지만, 어느 정도 한국식 교육의 장점을 살려줄 생각이다. 중고등학교까지는 한국교육의 수준이 미국

교육에 비해 수준이 매우 높아 보인다. 특히 Math 의 경우가 그렇다. 거기에 비해 미국의 중고등 교육은 토론에 Focus 가 많이 되어 있다. 둘 다 장단이 있다. 미국의 아이들은 말은 뻔질나게 잘하는데 간단한 계산도 계산기를 쓰려고 한다. 말과 표현의 능력을 매우 뛰어난 반면 전반적으로 교육정도와 IQ 는 한국 아이들에 비해 형편없이 떨어지는 것 같다. 물론 소수 1%의 천재가 이끌어 나가는 나라라고 해도, 전반적인 교육수준은 형편없어 보인다.

요즘 미국에 있는 앞서가는 한국인 부모의 경우 한국으로 대학을 보내는 새로운 Trand 가 생기고 있다. 예를 들어, 어떤 우수한 학생이 스탠포드, 버클리, 그리고 한국의 카이스트 4 년 장학생으로 합격한 경우 카이스트를 보내는 것이다. 미국 사립대학의 학비는 보통 졸업할 때까지 2 십만불 정도를 생각한다. 이 경우 카이스트로 보내면 Save 된 학비로 다시 미국의 버클리로 석사를 보내 줄 수가 있다. 이렇게 되면 한국 대학을 다닐 때의 네크워크와 미국 대학원의 네크워크를 이용하여 이 학생은 한국에서도, 미국에서도 자신의 꿈을 펼칠 수 있는 유리한 위치에 서는 것이다.

ABOUT THE AUTHOR

Seok Choi was born in Seoul, Korea. He graduated from Korea University. He worked for LG. He came to the US to study. He worked in insurance industry and after he passed AICPA, he worked as a CPA and insurance exam instructor.

www.ingramcontent.com/pod-product-compliance
Lightning Source LLC
Chambersburg PA
CBHW070140290526
45789CB00002B/571